СТРАНАТА НА РОЗИТЕ

玫瑰之国

БЪЛГАРИЯ

保加利亚

余志和　马细谱　谢学敏／著

世界知识出版社

北京·2019

图书在版编目(CIP)数据

玫瑰之国保加利亚 / 余志和, 马细谱, 谢学敏著. —北京: 世界知识出版社，2019.8

ISBN 978-7-5012-6062-1

Ⅰ. ①玫… Ⅱ. ①余… ②马… ③谢… Ⅲ. ①保加利亚—概况 Ⅳ. ①K954.4

中国版本图书馆CIP数据核字（2019）第155707号

责任编辑	龚玲琳　余　岚
责任出版	王勇刚
责任校对	张　琨
封面设计	张　维
书　　名	玫瑰之国保加利亚 Meigui zhi Guo Baojialiya
作　　者	余志和　马细谱　谢学敏
出版发行	世界知识出版社
地址邮编	北京市东城区干面胡同51号（100010）
网　　址	www.ishizhi.cn
电　　话	010-65265923（发行）　010-85119023（邮购）
经　　销	新华书店
印　　刷	河北赛文印刷有限公司
开本印张	880毫米×1230毫米　1/32　6¾印张　2插页
字　　数	157千字
版次印次	2019年12月第一版　　2019年12月第一次印刷
标准书号	ISBN 978-7-5012-6062-1
定　　价	49.80元

谨以此书庆祝中华人民共和国和保加利亚共和国建交**70**周年

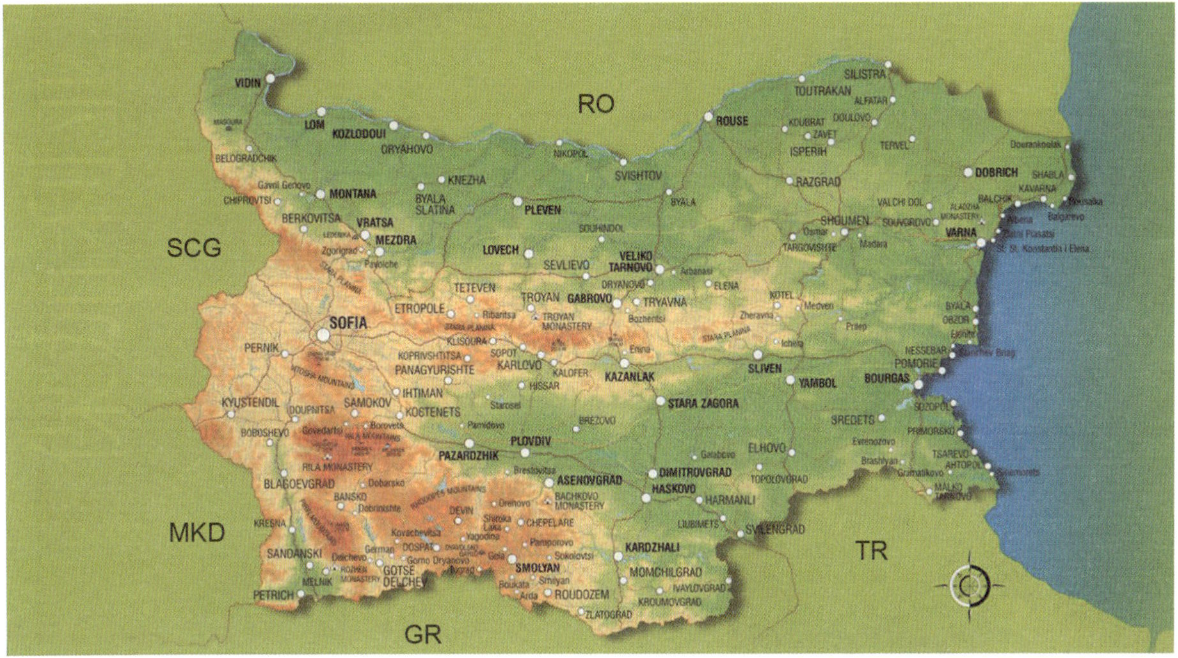
RO
SCG
MKD
GR
TR
VIDIN
LOM
KOZLODOUI
ORYAHOVO
BELOGRADCHIK
MONTANA
CHIPROVTSI
BERKOVITSA
VRATSA
MEZDRA
KNEZHA
BYALA SLATINA
NIKOPOL
SVISHTOV
PLEVEN
LOVECH
SEVLIEVO
VELIKO TARNOVO
TETEVEN
ETROPOLE
TROYAN
GABROVO
TRYAVNA
ELENA
TROYAN MONASTERY
SOFIA
PERNIK
KOPRIVSHTITSA
PANAGYURISHTE
KARLOVO
KALOFER
HISSAR
KAZANLAK
IHTIMAN
SAMOKOV
KOSTENETS
KYUSTENDIL
DOUPNITSA
BOBOSHEVO
RILA MONASTERY
BLAGOEVGRAD
KRESNA
SANDANSKI
MELNIK
PETRICH
BANSKO
GOTSE DELCHEV
DOSPAT
DEVIN
CHEPELARE
SMOLYAN
ROUDOZEM
ZLATOGRAD
PAZARDZHIK
PLOVDIV
BREZOVO
ASENOVGRAD
BACHKOVO MONASTERY
STARA ZAGORA
DIMITROVGRAD
HASKOVO
HARMANLI
KARDZHALI
MOMCHILGRAD
KROUMOVGRAD
IVAYLOVGRAD
SVILENGRAD
TOPOLOVGRAD
ELHOVO
YAMBOL
SLIVEN
KOTEL
SREDETS
BOURGAS
POMORIE
NESSEBAR
SOZOPOL
PRIMORSKO
TSAREVO
AHTOPOL
MALKO TARNOVO
ROUSE
TOUTRAKAN
SILISTRA
ALFATAR
DOULOVO
KOUBRAT
ZAVET
ISPERIH
TERVEL
RAZGRAD
BYALA
SHOUMEN
TARGOVISHTE
VALCHI DOL
DOBRICH
SHABLA
KAVARNA
BALCHIK
VARNA
OBZOR

地图

国徽

国旗

索非亚市中心（黄洁 摄）

罗多彼山风光（选自 L.Tsvetkov “多彩保加利亚”摄影展）

高山湖泊

炼油玫瑰花（保加利亚外交部供稿）

芬芳薰衣草（保加利亚外交部供稿）

演唱民歌

南部山区“百支风笛”乐队

面具舞（选自 L.Tsvetkov“多彩保加利亚”摄影展）

卡洛菲尔（冰水）圆圈舞（选自 L.Tsvetkov “多彩保加利亚”摄影展）

欢度民间拉扎尔节（选自 L.Tsvetkov “多彩保加利亚”摄影展）

民俗之一（L.Tsvetkov 摄）

民俗之二（L.Tsvetkov 摄）

民俗之三（L.Tsvetkov 摄）

目　录

致中国读者

尊敬的读者：

摆在你面前的《玫瑰之国保加利亚》，是由作家余志和、马细谱、谢学敏合著的一本新书。我很乐意推荐这部由我的国家保加利亚的好友创作的新的作品。在当下这个中国盛事迭起的年份，我们将纪念保加利亚共和国和中华人民共和国建立友好国家关系 70 周年。这是一个悠长的时期，在此期间，几代人走过了一条使我们两国人民相识相知的道路。本书作者当属开路先锋之列。他们多年来在自己的故土进行创作，从而使许多中国人走近和认识了保加利亚和保加利亚文化。目前，中国年轻人渴望了解世界，同别国人民交往，并对旅游产生了浓厚兴趣，因此，这本书的出版恰逢其时。保加利亚位居要地，而三位作者敢于担当，描绘了保加利亚的美景，介绍了保加利亚的历史。他们熟知保加利亚，匠心独运，为读者提供了许多引人入胜的知识。大家在他们的帮助下，定能知晓保加利亚为何被称为玫瑰之国，保加利亚的美丽为何令人赞叹，以及保加利亚人为何对自己的历史感到自豪。我作为保加利亚驻华大使，有幸目睹《玫瑰之国保加利亚》的出版发行，并热切期望它能送到你的手中！

愿这部著作一帆风顺，愿三位作者诸事遂行，意气昂扬地续写友谊的篇章！

保加利亚驻华大使　格里戈尔·波罗扎诺夫

2019 年 9 月于北京

一、基本情况

国名 保加利亚共和国（The Republic of Bulgaria）。

面积 110993.6 平方千米，在欧盟国家中排名第 11 位，在全世界排名第 103 位。

人口 7000039（2018 年），在欧盟国家中排名第 16 位。保加利亚族占 76.9%，土耳其族占 8.0%，罗姆族（吉卜赛人）占 4.4%，其余人口为俄罗斯族、亚美尼亚族以及其他不愿意确定民族特性的居民。全国城市人口占比 73.5%，18% 的人口居住在首都索非亚。

首都 索非亚（Sofia）。

语言 保加利亚语为官方和通用语言。

宗教 在保加利亚信教居民中，信奉东正教者约占 85%，信奉伊斯兰教者约占 8%。

国庆节 3月3日。

货币单位 列弗（lev）。1列弗＝100斯托丁卡。列弗与欧元实行固定汇率，1欧元＝1.9558列弗；列弗与其他国家货币实行市场浮动汇率，1美元约兑换1.73列弗（2019年3月）。

国徽 1997年7月31日，保加利亚国民议会表决通过了本国新国徽图案。新国徽由上中下3部分组成。上部是饰有十字架的王冠——王冠象征国家主权，十字架表示保加利亚大多数居民信奉东正教；中部是两大一小3只直立的雄狮——雄狮象征力量、战功、太阳和温暖；下部绕以由橡树枝叶编织的花环——橡树枝叶象征朝气蓬勃和健康长寿，花环中央的绶带上写着“联合就是力量”。

国旗 自上而下由白、绿、红3个平行相等的长方形组成。国旗上的白色象征保加利亚人民热爱和平、热爱劳动的优良品质；绿色象征保加利亚翠绿的山峦和富饶的土地；红色象征保加利亚人民保家卫国的决心和勇气。

玫瑰——保加利亚国花

炼油玫瑰（保加利亚外交部供稿）

国歌 《可爱的祖国》[①]

巴尔干山巍峨挺拔，
蓝色多瑙河依山流淌。
太阳照耀色雷斯，
光焰映红皮林冈。

祖国啊，可爱的祖国，
你是人间天堂。
你的美丽，你的丰采，
令人无限神往！

为了我们可爱的人民，
无数战士血洒疆场。

① 1877—1878 年俄土战争前后，保加利亚人把俄国的《上帝保佑沙皇》当作爱国歌曲即国歌来唱。1885 年，在塞尔维亚—保加利亚战争期间，旅居保加利亚的捷克指挥家舍贝克用马拉切克的歌词，写了爱国歌曲《马里查河在咆哮，翻卷着血的浪花》，成为国歌。1946 年 9 月保加利亚人民共和国成立后，改用集体作词、作曲的《保加利亚，英雄们热爱的国家》为国歌，1964 年又改用拉多拉沃夫（1863—1931）作词、作曲的《可爱的祖国》为国歌。原译文为："巴尔干山耸云空，蓝色多瑙波涛涌，红日高照色雷斯，庇林浮现紫霞中。亲爱的父母邦，你是人间天堂，你的神采，你的美丽，永远放光芒。"实际上，这首现行国歌同《马里查河在咆哮，翻卷着血的浪花》一样，都是 1885 年塞保战争中产生的爱国歌曲。当时作者还是一个学生，在参加作战时写下了这首歌的词曲。

母亲啊，请给我们勇气和力量，
先烈们的未竟事业我们继承发扬。

祖国啊，可爱的祖国，
你是人间天堂。
你的美丽，你的丰采，
令人无限神往！

行政区划 全国划分为28个区。按保加利亚字母顺序，它们依次为：布拉戈耶夫格勒区、布尔加斯区、瓦尔纳区、大特尔

玫瑰节上的“玫瑰王后”

诺沃区、维丁区、弗拉查区、加布罗沃区、多布里奇区、克尔贾利区、丘斯滕迪尔区、洛维奇区、蒙塔纳区、帕扎尔吉克区、佩尔尼克区、普列文区、普罗夫迪夫区、拉兹格勒区、鲁塞区、锡利斯特拉区、斯利文区、斯莫梁区、索非亚市区、索非亚区、旧扎戈拉区、特尔戈维什特区、哈斯科沃区、舒门区、亚姆博尔区。[①]

---

① 保加利亚实行区和乡两级行政区划管理体制。从1999年起，保加利亚将全国划分为28个区（这里的区相当于我国的省），所有区的名称均以行政中心所在地的城市（区府）名字命名，首都索非亚市为一个单独的区。从2014年7月25日起，28个区下辖265个乡（相当于我国的县和县级市）。乡是保加利亚基本的行政区划自治单位。不论在城市还是农村，每个乡都有自己的行政管理中心，乡可以下辖一个城市，也可以是一个城市的几个地区，而在农村，则下辖若干个相邻的村或者居民点。设乡的基本原则是人口在6000人以上，乡的行政中心与各个行政村或居民点的距离一般不超过40千米。此外，目前保加利亚全国共有5091个村庄。

此前，即在1951年至1959年，保加利亚全国分为11个州和一个索非亚市。州下辖数量不等的县。1959年至1987年改为28个州（含索非亚市），州下辖不同数量的城市和乡。1987年至1999年又将以前的州合并为9个大区。从1999年起，保加利亚再次将行政区划调整为28个区，与1959年至1987年期间州的行政区划基本吻合。

在保加利亚，部长会议有权设立或取消乡一级行政单位，总统则有权给乡命名。大的村镇人口达到3500人以上，旅游度假地村镇人口达到1000人以上，即可被宣布为城市。目前，保加利亚全国一共有256个城市，城市人口略超516万，农村人口约184万。全国最大的城市依次为索非亚（人口132万）、普罗夫迪夫（34.7万）、瓦尔纳（33.7万）、布尔加斯（20.9万）、鲁塞（16.1万）、旧扎戈拉（15.8万）、斯利文（12万）。保加利亚最小的城市是靠近希腊边界的旅游胜地梅尔尼克市，它以“金字塔形土山”地貌和葡萄酒闻名。

二、自然地理

疆界与位置

保加利亚共和国位于欧洲巴尔干半岛的东部，约占该半岛面积的 23%。其领土自西经 22° 21’（丘斯滕迪尔—基特卡峰的西北）至东经 28° 36’（沙布拉角）；南自北纬 41° 14’（克尔贾利—维伊卡塔峰），北至北纬 44° 13’（蒂莫克河口）。

边界线总长 2245 千米，其中陆界 1181 千米，河界 686 千米，海岸线 378 千米。东濒黑海（紧贴博斯普鲁斯海峡和达达尼尔海峡），南与土耳其和希腊接壤，西与塞尔维亚和北马其顿为邻，北隔多瑙河与罗马尼亚相望。

由于保加利亚横贯于欧亚两洲的过渡地带，它自古以来就具有重大的政治、军事和经济意义。这里是两条重要的国际铁路的交叉点：一条从北欧和东欧往南通向爱琴海和地中海，另一条则连接西欧、中欧和亚得里亚海、黑海，直至中东国家。

生物多样性与环境

特殊的气候、水文、地质和地理条件，造就了保加利亚植物和动物的丰富性和多样性。这里有 100 多种哺乳动物，近 400 种禽鸟，近 40 种爬行动物，200 多种海鱼和淡水鱼，27000 多种昆虫和无脊椎动物，还有 10000 多种低等和高等植物以及菌类植物。高等植物达 3800 多种，其中 170 种是本地特有。从 17 世纪起，保加利亚就开始种植从波斯地区引入的炼油玫瑰——大马士革玫瑰，这种玫瑰现已成为保加利亚的象征。

保加利亚常见的野生动物有马鹿（25910 头）、小鹿（10600 头）、野猪（88948 头），此外还有狼、狐狸、山羊，也有少量的鹰和熊等。

保加利亚兀鹫 （选自 L.Tsvetkov “多彩保加利亚”摄影展）

保加利亚的森林覆盖率为35%，全国有3个国家公园、55个自然保护区、11个天然公园、565个保护点。各类保护区共有114个珍稀鸟类栖息地。受到保护的植物达574种，其中包括1581棵百年以上的古树。全国受到保护的动物有483种。

保加利亚是《京都议定书》的签字国，现已完成减少30%碳排放量的目标。但是，保加利亚人认为，保加利亚仍然是欧洲遭受汽车尾气和火电站污染最严重的国家之一。

地形与气候

保加利亚地形的特点是岗峦起伏，形态多变。山地和丘陵约占全境的70%。地势以西南部的里拉山脉、皮林山脉为最高，逐渐向东北倾斜。巴尔干山横贯中部，山北为广阔的多瑙河平原，

保加利亚南部地貌

往南则有罗多彼山地和马里查河谷低地。平均海拔 470 米。

保加利亚完全处于北半球大陆温带的最南部。北部为大陆性气候，而南部则受地中海气候的影响。年平均气温 10.5℃，最冷的 1 月份的平均气温为 −1℃至 2℃，最热的 7 月份的平均气温为 20℃—25℃。年平均降水量为 450 毫米。

以上地形和气候，为农牧业和旅游业的发展提供了得天独厚的条件。多瑙河平原和东北部的多布罗加地区是著名的粮仓；巴尔干山以南 60000 平方千米的平原则是水果、蔬菜、烟叶、棉花的主要产地；紧靠巴尔干山南麓的狭长谷地盛产世界驰名的炼油玫瑰。

土 壤

保加利亚的土地资源比较丰富——有近 20 种土壤类型，其中棕色土占总面积的 30%，黑土占 23%，灰色森林土占 17%，褐色森林土占 15%。

矿物与水利

保加利亚目前发现的矿物共有 124 种，主要是煤、铅、锌、铜、铁、铀、锰、铬、盐等，但开采较少。由于森林面积约占国土面积的 35%，矿产资源的开发受到一定的限制。保加利亚矿业产值约占国民生产总值的 2%，矿产就业人数约占全国就业人数的 3%。这些矿产主要分布在罗多彼山脉、中部山脉和巴尔干山脉。已开发的大小矿区约 50 个，从而奠定了矿业开采的基础，如国际投资到位，矿业开采具有一定的前景。按现有开采能力计算，预计铜矿与金矿可开采 20 年，铅锌矿可开采 40 年。

保加利亚初步发现和已探明的铜的储量分别为 310 万吨和 120 万吨（2007 年数据），主要分布在中部山脉地区。铅矿总储量为 323 万吨，主要分布在罗多彼山区。铀矿储量为 35.4 万吨，铁矿石储量为 3.4 亿吨。由于铁矿石的品位较低，目前开采已基本停止。保加利亚锰矿总储量为 1.8 亿吨，占全世界锰矿储量的 1.2%，平均含锰量为 27%。

保加利亚的水利资源较为丰富，河流、湖泊、90 多个水库以及地下水不仅可为工业生产提供用水，而且还能浇灌全国可耕地的 70%。全国 500 多处矿泉，为数十个温泉疗养地提供了良好条件。

山 脉

里拉山 里拉山屹立在保加利亚的西南边境上，总面积 2629 平方千米，平均高度 1487 米，是巴尔干半岛上最高的山脉。东段的穆萨拉峰海拔 2925 米，它陡峻的山崖同周围的圆形盆地形成鲜明的对照。

里拉山是块状山，由结晶质岩石构成，并含有大量花岗岩。

里拉山水源丰富。急涧、瀑布和河流汇注成充足的里拉水源，是保加利亚四大水系——马里查河、伊斯克尔河、梅斯塔河和斯特鲁马河的发源地。在深凹的山间冰斗中，隐匿着大小 100 多个明镜般的湖泊。多变的湖光景色是里拉山最美丽的点缀之一。著名景点有里拉七湖和里拉修道院。

皮林山雪景

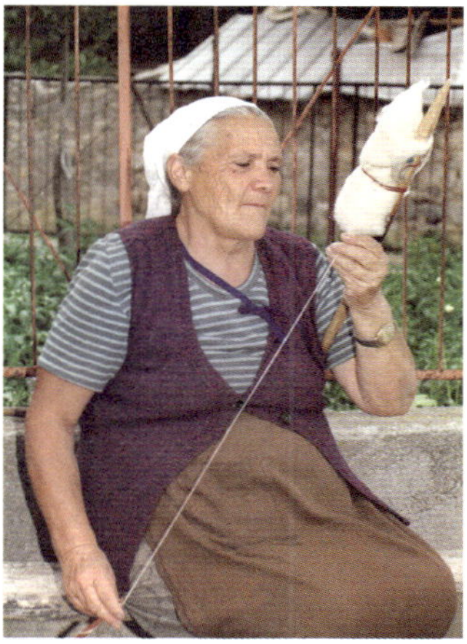
皮林山山民

皮林山　保加利亚第二高山皮林山绵亘在本国西南边境上。它属于里拉—罗多彼交汇的一部分，其英姿足以同里拉山媲美。总面积 1210 平方千米，平均海拔 1033 米。最高峰维赫伦峰海拔 2914 米。“维赫伦”意为疾风。冬季，山上狂风大作；夏季，常降大雪和冰雹。

色雷斯人称皮林为“奥尔贝洛斯”，意思是白雪之山。居住在斯特鲁马河、梅斯塔河流域的斯拉夫人则称之为“佩伦”，以此表示对于他们认为住在山峰上的斯拉夫雷神佩伦的尊敬。

按地质构造，皮林山是块状山。它是由变质岩构成的巨大的背斜褶皱山体，包括各种片麻岩、结晶岩、大理岩、新老花岗岩，以及在山坡上的新火山岩等。

罗多彼山　罗多彼山分布在保加利亚南部边缘，幅员广阔，由西向东绵延约 250 千米，宽约 100 千米，占国土面积的 1/7。

山地北侧犹如高大的墙壁竖立在平原和富饶的上色雷斯低地上面。山体的东段和南段沿保加利亚边境伸入希腊。

山地牧场

“罗多彼”这个名字同古代神话传说有着密切关系。尽管现代学者对这个名字做了许多解释，但仍然未能阐明它的确切词源。在中世纪一个短时期内，它曾被称为“斯拉夫山”，而在奥斯曼帝国统治时期，则被称为“斯帕特斯基山”。

罗多彼山的东西两段有着明显的差别。东段较低，西段较高。山脊虽超过 1800 米，但是顶部开阔，森林密布，因童话般的景色而被称为“罗多彼迷宫”，其中的帕姆波罗沃高山营地现已成为国际旅游中心，山上建有巨大的滑雪场。

中部山　中部山位于巴尔干山南部，它不甚清晰的轮廓同巴尔干山主脉平行。“中部”这一名称既指它的位置，又指它的外形：它位于保加利亚中部，同里拉山、罗多彼山和巴尔干山相比，高度中等。

就地貌特征而言，中部山系包括：西起伊斯克尔河的潘恰雷沃隘口和索非亚平原，再到通贯河的弯曲处，北至亚姆博尔及其以东。总长 256 千米，最宽处 50 千米。山地的地貌轮廓极其复杂，并无明显的长链形状。

巴尔干山

巴尔干山发端于保塞边境塞尔维亚一侧的蒂莫克河谷，然后折向东南，再向东一直延伸至黑海岸的埃米内角。全长 530 千米，平均海拔 722 米，总面积 11596 平方千米。它把保加利亚分为南北两个部分，犹如一道“长墙”。它是多瑙河同爱琴海和马尔马拉海的分水岭，因而又被称为巴尔干半岛的“脊梁”。

巴尔干山为链状山脉，由一条主脉和几条平行的支脉构成。它具有典型的阿尔卑斯山的特点，构成山地的主要成分是辉绿千枚岩，三迭、侏罗和白垩砂岩以及石灰岩、泥灰岩、白云岩等。

巴尔干山主脉通常被分为 3 段：西段、中段和东段。其最高峰“波特夫峰”正是在中段巍然耸峙，形如拳头，高达 2376 米。

巴尔干山主脉的北侧是由丘陵、岗地等构成的广阔地带，被称为巴尔干前山。它的平均海拔为 375 米。北坡是许多注入多瑙河的河流发源地。巴尔干山以南是由一串盆地组成的中央低地。

由于巴尔干山的横断面很不相称，即北坡徐缓，南坡陡峭，因而两侧的植被大相径庭。北坡 500—600 米是茂密的橡树林和榆树林，1700—1800 米以下是山毛榉，再高处是针叶林。南坡干燥，林界较低。

巴尔干山在公元前 600—前 500 年被希腊历史学家称为“阿埃蒙”，随后被罗马人称为“赫穆斯”。赫穆斯在希腊语中是血的意思，因而巴尔干山又被称为“血山”。

围绕着这座血山，保加利亚民间流传着许多神话传说。据说，有个风火神在沿着高山登天时被宙斯杀死了，它的鲜血染红了大小山峦。还有一个传说称，巴尔干半岛最初的居民色雷斯人的著名歌手奥菲士，曾站在山上为被蛇咬死的爱妻优丽狄士哭泣，他悲切的歌声一直传到多瑙河上。又有一个传说断言，公元前181年，马其顿王腓力（亚历山大大帝之父）曾登上赫穆斯的最高峰，远眺他征讨罗马时将要经过的土地，因为他相信，从赫穆斯山巅可以望见黑海、白海和蓝海。

斯拉夫人于公元6世纪来到巴尔干半岛后，把赫穆斯改成了“马托里埃”，这个词在拉丁文中是“老的”或“成熟的”的意思。14世纪土耳其人征服巴尔干半岛后，把马托里埃改名为“科贾巴尔干”，简称为“巴尔干”，意为大山。这一名字后来又被用来称呼整个巴尔干半岛。

保加利亚人把巴尔干山称为“老山”，这是取意于马托里埃这一斯拉夫名字，而赫穆斯现在仅指山脉的东段。

巴尔干山名称的变化，表明了保加利亚人民多灾多难的历史。然而，雄伟秀逸的巴尔干山，也正是保加利亚民族英雄们抵御外敌、争取自由的天然屏障。保加利亚历史上的人民起义，几乎都是在巴尔干山中组织的。尤其是在长达500年之久的反抗奥斯曼帝国奴役的斗争中，民族英雄列夫斯基、拉科夫斯基、波特夫、迪米特尔等，都不止一次地越过巴尔干山，有的就在山上献出了生命。

巴尔干山中段名为“布兹卢贾”的山峰，曾经同保加利亚民族的命运紧紧相连。1868年8月，哈吉·迪米特尔的武装支队在经过从多瑙河到巴尔干山的浴血战斗后，在这里同土耳其军队进行了最后一战。勇士们面对比自己强大数十倍的敌人，高举着“宁为自由死！”的绿色旗帜，全部壮烈牺牲。1891 年 8 月，保加利亚社会主义运动的创始人布拉戈耶夫在布兹卢贾峰上召开了保加利亚社会民主工党成立大会。1942 年，视死如归的反法西斯战士们也正是站在布兹卢贾峰上，向敌人高喊：“有胆量就开枪吧，这是我们的胸膛！”

为了纪念死难的先烈，保加利亚人民通过义务劳动和捐款，把布兹卢贾峰变成了“人民公园”。在乱石嶙峋、云雾缭绕的山峰上，高达 78 米的“飞碟”纪念碑巍然矗立，激励着保加利亚人民去创造美好的明天。

巴尔干山巅的“飞碟”纪念碑（赵雪林 摄）

河 流

两大流域　保加利亚的所有河流都流经两大流域——黑海流域和爱琴海流域。在黑海流域中，一些河流先是注入多瑙河，另一些河流则直接注入黑海。

两大流域的分水岭自东向西沿着斯特兰贾山岭和巴卡吉齐，下降到分隔卡尔诺巴特平原和艾托斯平原的高地，然后经过巴尔干山顶，往西直达兹维德茨峰（埃特罗波尔山），从这里南折穿越伊赫蒂曼中部山，经过舒姆纳蒂查小丘到达里拉山。分水岭从里拉山插入西北部，然后往西蜿蜒经过维托沙山、柳林山、维斯基亚尔山和扎瓦尔山，直抵保加利亚同塞尔维亚的交界处。

保加利亚国土有57%属于黑海流域，43%属于爱琴海流域。里拉山是保加利亚最大和最长的马里查河、伊斯克尔河和梅斯塔河等河流的总水源。

伊斯克尔河等注入多瑙河的河流　在注入多瑙河的河流中，伊斯克尔河最长——368千米，流域面积也最广——8646平方千米。它发源于里拉山，流经萨莫科夫和索非亚两个盆地，并构成两个美丽如画的峡谷——位于普拉纳、维托沙山和洛增山之间的潘恰雷沃峡谷和穿过巴尔干山的伊斯克尔峡谷。它弯弯曲曲地横越多瑙河丘陵平原宽阔的不对称谷地，在基根村注入多瑙河。

多瑙河在保加利亚境内的其他较大的支流都发源于巴尔干山主脉，它们穿越巴尔干前山的地方，都形成深陡的隘口。其中水量较大、流域面积较广的有奥瑟姆河（314千米）、扬特拉河（285.5千米）、维特河、洛姆河等。

卡姆奇亚河等注入黑海的河流　在直接注入黑海的河流中，最大的是卡姆奇亚河——其长度为 244.5 千米。它的源头由两个支流——大卡姆奇亚和卢达卡姆奇亚组成。它们在东巴尔干山和多瑙河平原的南部有广阔的流域，总集水面积达 5358 平方千米。它穿过一望无际、景色秀丽的隆戈兹低地，从佐内沃村往东注入黑海。

其他注入黑海的较大河流有普罗瓦迪亚河、德沃伊尼查河、斯雷德茨河、德基亚河、罗波塔莫河、维列卡河等。

马里查河等注入爱琴海的河流　在保加利亚流经希腊，最终注入爱琴海的河流中，最大的是马里查河。它在保加利亚境内长 321.6 千米，流域面积 21084 平方千米，为保加利亚第一大河。该河发源于东里拉山的马里查湖，上游水量不大。但是，它在流经帕扎尔吉克—普罗夫迪夫平原时，汇集了两侧许多较大的支流，使整个流量大大增加。

通贾河和阿尔达河是马里查河在保加利亚境内最大的支流，它们的长度分别为 349.5 千米和 241.3 千米，而流域面积分别为 7884 平方千米和 5184 平方千米。

斯特鲁马河和梅斯塔河也属于爱琴海流域河流。就水量而言，斯特鲁马河是保加利亚第三大河。它在流入希腊之前，在保加利亚境内的长度约为 290 千米，流域面积 10797 平方千米。

多瑙河　在欧洲仅次于伏尔加河的第二大河是多瑙河，它是保加利亚和罗马尼亚之间的界河。长度 2860 千米，流域面积 81.7 万平方千米。

多瑙河畔维丁城渔民 （选自 L.Tsvetkov “多彩保加利亚”摄影展）

保加利亚多瑙河河段西起同塞尔维亚接壤的蒂莫克河河口，东至锡利斯特拉，长470千米。在枯水期间，河宽为300—1600米。这一河段为典型的不对称谷的平原河流，南岸较高，北岸较宽阔、低平，多沼泽。河床多砂质，经常改变深度和轮廓。多瑙河从保加利亚领土得到的流量占3.3%。

平原与低地

多瑙河丘陵平原　在多瑙河和巴尔干前山最北的褶皱带之间，从蒂莫克河到黑海之滨的辽阔地区，是保加利亚最大的平原——多瑙河丘陵平原。它是喀尔巴阡山和巴尔干山之间的下多瑙河大平原的一部分。这个大平原向东北延伸，同摩尔多瓦和乌克兰草原相互呼应。

多瑙河丘陵平原长约500千米。它西部狭窄，宽仅40—60千米，向东逐渐展宽，最宽达120千米。平原高度从海平面起到海拔500米，平均海拔190米。

索非亚平原 在保加利亚西部平原中，索非亚平原辽阔而平坦，平均海拔550米。它的北面和东北面被马拉山和戈列马山包围，南面和西南面则面向洛增山、维托沙山、柳林山和维斯基亚尔山的陡坡。西至斯利夫尼查和阿勒多米洛夫齐周围的石灰岩丘陵，而东至伊赫蒂曼中部山北部低缓余脉。平原呈西北—东南向的椭圆形，长轴74千米，短轴16千米，主要河流几乎都是按这个椭圆轴的方向流过。

索非亚平原属温和的大陆性气候，年平均气温9.7℃，平均降水量644毫米。降水大部分集中在平原西部和南部，这主要是由西部潮湿气团入侵以及维托沙山和柳林山影响的结果。平原上多西风。

下巴尔干平原与“玫瑰谷” 在北面的巴尔干山主脉和南面的斯雷德诺戈里耶之间，依次排列着许多平原，它们统称为下巴尔干平原或后巴尔干平原。自西向东，这些平原中比较突出的有兹拉蒂平原、卡尔洛沃平原、卡赞勒克平原、特沃尔迪查平原、斯利文平原、卡尔诺巴特平原和艾托斯平原等。

卡尔洛沃平原长37千米，最宽处11千米，平均海拔400米。在构造关系上，这个平原属于地堑式凹地，俗称谷地。卡赞勒克平原也被称为谷地，它绵延69千米，宽11千米，平均海拔350米，位于保加利亚中央地带。这两个相连的平原构成的谷地以诱人的名字“玫瑰谷”而驰名世界。

“玫瑰谷”得天独厚的自然条件表现为两个方面：1．冲积锥上的黄沙土有利于玫瑰根系的发育——可深入地下4—5米；土壤中含有丰富的有机物质。2．这里春天温暖，在玫瑰花开的5月份雨量充足。山溪、晨雾使空气保持湿润。沿斯特里亚马宽广的河谷，从南面可吹来色雷斯温暖的地中海阵风，而高出平原1600米的巨大的巴尔干山体，又在北部挡住了东北和西北的寒冷气团。

上色雷斯低地　上色雷斯低地是保加利亚最辽阔的低地，总面积6032平方千米。它包括马里查河中游，因此又叫“马里查低地”。

在古代，巴尔干半岛东部被称为“色雷斯”。因此，这个低地是古代色雷斯人的摇篮。在希腊殖民者出现在黑海沿岸以前，色雷斯人就在埃布罗斯（马里查）河两岸创造了灿烂的文化。

上色雷斯低地北至中部山丘陵余脉，南至罗多彼山陡峭的断层崖，东到斯维蒂—伊利斯基和马纳斯蒂尔丘陵和萨卡尔山。全长180千米，宽50千米。低地海拔从250米降至50米，平均海拔168米。整个低地分两部分——西半部的奇尔潘丘陵和帕扎尔吉克—普罗夫迪夫平原的德拉戈伊诺夫高地；东半部的旧扎戈拉平原。

居民

保加利亚人　早在远古时代，保加利亚大地上就有人居住。

从公元前2000年起，色雷斯人便定居在保加利亚。在罗马帝国统治和蛮族入侵时期，色雷斯人中混杂了其他种族成分。公元6—7世纪，大批斯拉夫人从北方越过多瑙河，进入巴尔干半岛。这些斯拉夫人同原来定居在这一带的居民，以及7世纪后半叶从伏尔加河流域来到巴尔干半岛东北部定居的古保加利亚人融合在一起，并使他们接受了自己的语言和风俗。这为保加利亚人的形成奠定了基础。

保加利亚是政教分离的国家，人民有完全的信仰自由。保加利亚人主要信奉东正教，还有为数不多的人信奉伊斯兰教、天主教和新教。16—17世纪奥斯曼帝国统治时期，被强行同化的伊斯兰教徒（男子称“波马克人”，女子称“波马基尼娅人”）仍保留着自己的保加利亚语言、风俗和习惯，但信奉伊斯兰教。他们居住在罗多彼山的西部和中部，以及拉兹洛格和特特文地区。

土耳其人　在保加利亚居民中，土耳其族人占第二位。他们于15—18世纪来到保加利亚，主要分布在奥斯曼帝国最容易受到外来攻击的地区。他们集中在东罗多彼和格尔洛沃、卢多戈里埃和斯拉尼克地区，主要从事农业生产。

土耳其族教员和学生

罗姆人和其他少数民族 公元14世纪，罗姆人从印度穿越波斯、埃及和叙利亚，同土耳其人一起进入保加利亚。

罗姆歌手阿尼达

保加利亚还有其他民族成分，但他们人数不多。他们是俄罗斯人、亚美尼亚人、犹太人、希腊人和牧羊地区的卡拉卡洽人和罗马尼亚人。第二次世界大战后，大批俄罗斯人和亚美尼亚人迁居到了苏联，犹太人则迁居到了以色列。

保加利亚人口变动情况

统计年份	人口数量	出生率（‰）
1887	3154000	—
1900	3744000	—
1946	7029000	—
1985	8949000	—
2001	7929000	—
2007	7640238	9.8
2009	7563710	10.7
2010	7504868	10.0
2015	7153784	9.2
2016	7101859	9.1
2017	7050034	—
2018	7000039	8.9

关于古保加利亚人的传说

现代保加利亚人的祖先是古保加尔人（又称“古保加利亚人”）、斯拉夫人以及色雷斯人的后裔。公元2—4世纪，当匈奴人西征的时候，古保加尔人也迁移到了里海和黑海之间的大草原上，以游牧为生。4 世纪末和 5 世纪初，他们被匈奴征服，加入匈奴部落联盟，并跟随匈奴人进行征战活动。古保加尔人后来分为几支，有的归附匈奴，有的独树一帜。

7 世纪 30 年代，黑海北部形成了一个强大的部落联盟，史称“大保加利亚”，其首领叫作库勃拉特。650 年左右，库勃拉特可汗死后，他的 3 个儿子同室操戈，内讧不止。此时，他们的东邻哈扎尔人趁机起兵讨伐，“大保加利亚”土崩瓦解。一部分保加尔人被迫北上，定居于伏尔加河的支流卡马河流域，建立了“伏尔加保加利亚”。这个小国一直存在到 13 世纪，最终被蒙古鞑靼人所灭。另一支保加尔人在库勃拉特的第三个儿子阿斯帕鲁赫可汗的率领下，南下到多瑙河入海口，进入今南比萨拉比亚境内。

至 7 世纪 70 年代，保加尔人已越过多瑙河，来到今天保加利亚的东北部，并抵达巴尔干山脉北麓。后来，保加尔人和斯拉夫人达成协议，联合击败拜占庭帝国的军队，共同建立了一个斯

保加利亚古代金耳环

保加利亚古代金酒器

拉夫—保加利亚国家（681 年）。

众所周知，突厥民族的首领称“可汗”，古保加尔人建立的国家也沿袭了这一称呼。在保加利亚王国出现后的 170 年间，连续 16 位国王都是保加尔人，全称“可汗”，而不叫“大公”或“皇帝”。这说明保加尔人在新成立的国家里一直掌握着最高权力。当 865 年东正教传入保加利亚后，斯拉夫贵族才在宫廷里充任要职。当时信奉异教的保加尔人由于人数较少，逐渐被斯拉夫人同化。

古保加尔统治者也像中国古代帝王一样，喜欢给自己树碑立传。在古保加尔人的碑文里，有一份《古保加利亚历代可汗名册》，记载了公元 515—766 年这一时期古保加尔人可汗的名字、家族和在位时间。匈奴的著名首领阿提拉被列为古保加尔人可汗的始祖。《名册》是用当时盛行的官方文字希腊文写成的。

最引人注目的是，该《名册》所使用的年表竟是中国人所特有的纪年法，史称“循环法”，即以 12 年为一轮，每一年都用一种动物来表示，如鼠年、牛年、虎年、兔年等。月份用数字表示。这种方法一直使用到 10 世纪，才被拜占庭纪年法所取代。这有力地证明，古保加尔人同古代中国有过直接或间接的联系，曾受到中国文化和习俗的影响。

保加利亚至今还流传着这样一个关于古保加尔人的故事：“大保加利亚”的可汗库勃拉特临终前，把 3 个儿子叫来嘱托后事。他将一把硬木棍交给他们，要他们使劲撅，但谁也撅不断。然后，库勃拉特拿过硬木棍，把它们分开，毫不费力地把它们一根一根

地撅断了。这时他对在场的儿子们说：你们任何时候都不要分裂，不要互相残杀，而应该像这一把硬木棍一样团结在一起，只有这样才会坚不可摧。这个传说同中国古代《魏书》中记载的折箭的故事如出一辙。

当然，迄今只有一些文章和书籍涉及古保加尔人的族源问题。他们和中国古代各少数民族的关系还有待进一步研究。

三、简史

色雷斯人

现今保加利亚土地上的最早居民是色雷斯人。公元前8世纪—前6世纪，色雷斯人占据了辽阔的巴尔干半岛——北起多瑙河，东临黑海，南至爱琴海，甚至还居住在多瑙河以北和小亚细亚的某些地区。他们西邻伊里利亚人（阿尔巴尼亚人的祖先），南邻希腊人。由于分成许多部落，他们有时相互混乱。

随后，希腊人和罗马人先后在这一地区建立了奴隶社会。在公元前46年至公元期间，罗马人彻底征服了色雷斯，将其划分为两个行省：巴尔干山以南为色雷斯省，以北为莫埃西亚省。公元73年，色雷斯人斯巴达克发动了世界历史上著名的奴隶起义。据传，斯巴达克出生在现今保加利亚西南部桑丹斯基的皮林山中，少年时代就被卖到罗马当了奴隶。

公元395年，罗马帝国分为两个部分，色雷斯人的土地并入了东罗马帝国，即拜占庭帝国。5世纪末，斯拉夫人开始入侵巴尔干半岛。7世纪后半期，一支古保加利亚人也在首领阿斯帕鲁赫（约644—约700）的率领下，从比萨拉比亚南部进入现今保加利亚东北部。

阿斯帕鲁赫可汗石雕像

第一和第二保加利亚王国

在反对拜占庭帝国的共同斗争中，古保加利亚人和定居在巴尔干半岛上的斯拉夫人结成联盟，于公元681年建立了斯拉夫—保加利亚国家。其后，保加利亚人虽然逐渐被斯拉夫人同化，但这个国家的名称仍然叫作“保加利亚”。

从第一个保加利亚国家出现到1186年拜占庭对保加利亚的统治结束，这一时期被历史学家们称为保加利亚第一王国时期。在这个时期，封建关系得到确立，保加利亚出现了封建地主贵族和依附于他们领地的农民。9世纪鲍里斯大公在位期间（852—889），保加利亚进入了兴盛时期。865年，东正教被奉为国教。鲍里斯之子西美昂（约893—927在位）统治时，保加利亚国势强盛，文化繁荣，国家的版图迅速扩大，首都从普利斯卡迁到普雷斯拉

夫。西美昂废弃大公的称号，自封为“保加利亚和希腊人的沙皇”。

西美昂死后，封建割据势力加强。以萨穆伊尔为首的贵族于969年建立了西保加利亚王国。不久，国家日趋衰落，拜占庭帝国趁机入侵，并于1080年消灭了西保加利亚王国，统治了整个保加利亚。

1186年，保加利亚贵族发动反对拜占庭统治的起义，取得成功，在巴尔干山脉以北地区建立了第二保加利亚王国，定都特尔诺沃。伊凡·阿森二世执政时期（1218—1241），国家再度繁荣，成为东南欧一个大国。其领土东起黑海，西临亚得里亚海，北至多瑙河，南到爱琴海。从13世纪后半期起，由于封建贵族割据，

古都普雷斯拉夫遗址

拜占庭人、匈牙利人、鞑靼人相继进犯和掠夺，保加利亚国势日衰，形势亦趋恶化。1277—1280 年爆发了伊瓦依洛起义。1330 年沦为塞尔维亚的附庸国。1355 年重获独立。1396 年被奥斯曼土耳其侵占。

奥斯曼帝国统治时期

15—19 世纪，土耳其征服者在保加利亚建立了军事封建制度。他们征收苛捐杂税，实行民族同化政策。为了反抗奥斯曼帝国的奴役，保加利亚人民开展了各种形式的斗争。早期的斗争史称“海杜特运动”，即自发的游民和农民暴动。直至 18 世纪，保加利亚人反抗奥斯曼土耳其封建统治和民族压迫的起义接连不断，其中比较突出的有 1598 年的特尔诺沃起义和 1688 年的奇普罗夫齐起义。

18 世纪后期至 19 世纪后期，民族复兴运动在保加利亚蓬勃兴起，保加利亚民族开始形成。1762 年出版的第一本保加利亚文史作品《斯拉夫保加利亚史》，被认为是民族复兴运动的开端。1870 年成立了保加利亚教区。19 世纪中期和后期，在有组织、有领导的反抗土耳其人的武装斗争中，涌现出了

再现“四月起义”情景

的祖国阵线政府成立。季米特洛夫同时担任保加利亚共产党总书记。

1947 年 2 月 10 日，对保和约在巴黎签订。根据和约，保加利亚保持 1941 年 1 月 1 日的领土不变，应予偿付的赔款减为 7500 万美元，其中 5000 万美元赔付给希腊，2500 万美元赔付给南斯拉夫（尔后南斯拉夫宣布免除这笔赔款）。12 月 4 日，大国民议会通过保加利亚人民共和国宪法。

1948 年 3 月 18 日，保加利亚和苏联签订友好合作互助条约。12 月 18—25 日，保加利亚共产党第五次代表大会在索非亚举行，季米特洛夫在会上作了总结报告。12 月 29 日，大国民议会通过了保加利亚第一个五年计划法。

1949 年 7 月 2 日，季米特洛夫病逝于莫斯科；瓦·科拉罗夫接任保共总书记和部长会议主席（即政府总理）。1950 年 1 月，科拉罗夫逝世，伏·契尔文科夫接任保共总书记和部长会议主席。1954 年 2 月 25 日至 3 月 3 日，在保共六大上，日夫科夫当选为中央第一书记。

1955 年 5 月，保加利亚加入（友好合作互助）华沙条约。12 月 14 日，保加利亚被接纳为联合国成员国。

共和国初期的劳动突击队

像格·拉科夫斯基、瓦·列夫斯基、柳·卡拉维洛夫、赫·波特夫等这样一批民族解放运动的卓越领导人。1876 年爆发了大规模的“四月起义”。保加利亚还积极参加了 1877—1878 年的最后一次俄土战争。土耳其战败后，巴尔干山脉北部地区成为保加利亚公国，南部仍归土耳其苏丹统治。1885 年，保加利亚实现了南北两部合并，为资本主义的发展扫清了道路。有组织的工人运动和社会主义运动随之出现。1891 年，保加利亚社会民主党诞生。1908 年，保加利亚宣布脱离奥斯曼帝国的统治而最终实现了完全独立。

20 世纪上半叶的保加利亚

在 1912 年的第一次巴尔干战争中，保加利亚同塞尔维亚、黑山和希腊结成同盟，将土耳其赶出了巴尔干半岛。由于这些国家瓜分领土不均，次年爆发了巴尔干同盟国之间的战争，即第二次巴尔干战争，保加利亚战败。1915 年 10 月 1 日，保加利亚与德、奥、匈结盟，参加第一次世界大战，再次败北。1918 年 9 月，从前线溃逃的士兵发动起义，向首都索非亚进军，并在拉多米尔城宣布成立共和国。士兵起义虽然失败了，但它却迫使国王退位。1920 年，保加利亚农民联盟组成一党政府，推行比较温和的内外政策，引起大资产阶级和因战败而受到惩罚的军官的不满，后者于 1923 年 6 月 9 日发动军事政变，成立了新的政府。同年 9 月，保加利亚人民举行了声势浩大的武装起义。起义失败后，其领导人格·季米特洛夫流亡国外。在两次世界大战期间，国王鲍里斯

索非亚的苏军纪念碑（赵雪林 摄）

三世（1918—1943 在位）加强了君主专制，对内宣布共产党非法，对外奉行亲德政策。

1941 年 3 月 1 日，保加利亚王国政府参加了德意日三国轴心。德军进入保加利亚，并由此向希腊和南斯拉夫发起进攻。保加利亚共产党领导人民开展了游击运动，武装反抗德国占领者和本国政府。1942 年 7 月，保加利亚共产党倡议成立了祖国阵线，联合各阶层群众投入反法西斯斗争。1944 年 9 月 5 日，苏联向保加利亚政府宣战。9 月 9 日，保加利亚游击队和部分政府军利用苏军进入本国的有利时机发动起义，解放了首都索非亚，推翻君主统治，成立祖国阵线政府，并向法西斯德国宣战。保加利亚祖国阵线政府军同苏联红军一起，进入南斯拉夫和匈牙利，参加了歼灭法西斯侵略者的最后战斗。

共和国时期

1946 年 9 月 8 日，在保加利亚公民投票中，92.7%的人赞成废除君主制，成立共和国。9 月 15 日，保加利亚宣布为人民共和国，科拉罗夫当选为共和国临时主席。10 月 27 日，大国民议会正式选举科拉罗夫为主席。11 月 22 日，以季米特洛夫为首

拜占庭人、匈牙利人、鞑靼人相继进犯和掠夺，保加利亚国势日衰，形势亦趋恶化。1277—1280年爆发了伊瓦依洛起义。1330年沦为塞尔维亚的附庸国。1355年重获独立。1396年被奥斯曼土耳其侵占。

奥斯曼帝国统治时期

15—19世纪，土耳其征服者在保加利亚建立了军事封建制度。他们征收苛捐杂税，实行民族同化政策。为了反抗奥斯曼帝国的奴役，保加利亚人民开展了各种形式的斗争。早期的斗争史称“海杜特运动”，即自发的游民和农民暴动。直至18世纪，保加利亚人反抗奥斯曼土耳其封建统治和民族压迫的起义接连不断，其中比较突出的有1598年的特尔诺沃起义和1688年的奇普罗夫齐起义。

18世纪后期至19世纪后期，民族复兴运动在保加利亚蓬勃兴起，保加利亚民族开始形成。1762年出版的第一本保加利亚文史作品《斯拉夫保加利亚史》，被认为是民族复兴运动的开端。1870年成立了保加利亚教区。19世纪中期和后期，在有组织、有领导的反抗土耳其人的武装斗争中，涌现出了

再现“四月起义”情景

像格·拉科夫斯基、瓦·列夫斯基、柳·卡拉维洛夫、赫·波特夫等这样一批民族解放运动的卓越领导人。1876 年爆发了大规模的“四月起义”。保加利亚还积极参加了 1877—1878 年的最后一次俄土战争。土耳其战败后，巴尔干山脉北部地区成为保加利亚公国，南部仍归土耳其苏丹统治。1885 年，保加利亚实现了南北两部合并，为资本主义的发展扫清了道路。有组织的工人运动和社会主义运动随之出现。1891 年，保加利亚社会民主党诞生。1908 年，保加利亚宣布脱离奥斯曼帝国的统治而最终实现了完全独立。

20 世纪上半叶的保加利亚

在 1912 年的第一次巴尔干战争中，保加利亚同塞尔维亚、黑山和希腊结成同盟，将土耳其赶出了巴尔干半岛。由于这些国家瓜分领土不均，次年爆发了巴尔干同盟国之间的战争，即第二次巴尔干战争，保加利亚战败。1915 年 10 月 1 日，保加利亚与德、奥、匈结盟，参加第一次世界大战，再次败北。1918 年 9 月，从前线溃逃的士兵发动起义，向首都索非亚进军，并在拉多米尔城宣布成立共和国。士兵起义虽然失败了，但它却迫使国王退位。1920 年，保加利亚农民联盟组成一党政府，推行比较温和的内外政策，引起大资产阶级和因战败而受到惩罚的军官的不满，后者于 1923 年 6 月 9 日发动军事政变，成立了新的政府。同年 9 月，保加利亚人民举行了声势浩大的武装起义。起义失败后，其领导人格·季米特洛夫流亡国外。在两次世界大战期间，国王鲍里斯三世（1918—1943 在位）加强了君主专制，对内宣布共产党非法，对外奉行亲德政策。

1941 年 3 月 1 日，保加利亚王国政府参加了德意日三国轴心。德军进入保加利亚，并由此向希腊和南斯拉夫发起进攻。保加利亚共产党领导人民开展了游击运动，武装反抗德国占领者和本国政府。1942 年 7 月，保加利亚共产党倡议成立了祖国阵线，联合各阶层群众投入反法西斯斗争。1944 年 9 月 5 日，苏联向保加利亚政府宣战。9 月 9 日，保加利亚游击队和部分政府军利用苏军进入本国的有利时机发动起义，解放了首都索非亚，推翻君主统治，成立祖国阵线政府，并向法西斯德国宣战。保加利亚祖国阵线政府军同苏联红军一起，进入南斯拉夫和匈牙利，参加了歼灭法西斯侵略者的最后战斗。

索非亚的苏军纪念碑（赵雪林 摄）

共和国时期

1946 年 9 月 8 日，在保加利亚公民投票中，92.7%的人赞成废除君主制，成立共和国。9 月 15 日，保加利亚宣布为人民共和国，科拉罗夫当选为共和国临时主席。10 月 27 日，大国民议会正式选举科拉罗夫为主席。11 月 22 日，以季米特洛夫为首的祖国阵线政府成立。季米特洛夫同时担任保加利亚共产党总书记。

1947 年 2 月 10 日，对保和约在巴黎签订。根据和约，保加利亚保持 1941 年 1 月 1 日的领土不变，应予偿付的赔款减为 7500 万美元，其中 5000 万美元赔付给希腊，2500 万美元赔付给南斯拉夫（尔后南斯拉夫宣布免除这笔赔款）。12 月 4 日，大国民议会通过保加利亚人民共和国宪法。

1948 年 3 月 18 日，保加利亚和苏联签订友好合作互助条约。12 月 18—25 日，保加利亚共产党第五次代表大会在索非亚举行，季米特洛夫在会上作了总结报告。12 月 29 日，大国民议会通过了保加利亚第一个五年计划法。

1949 年 7 月 2 日，季米特洛夫病逝于莫斯科；瓦 · 科拉罗夫接任保共总书记和部长会议主席（即政府总理）。1950 年 1 月，科拉罗夫逝世，伏 · 契尔文科夫接任保共总书记和部长会议主席。1954 年 2 月 25 日至 3 月 3 日，在保共六大上，日夫科夫当选为中央第一书记。

1955 年 5 月，保加利亚加入（友好合作互助）华沙条约。12 月 14 日，保加利亚被接纳为联合国成员国。

共和国初期的劳动突击队

1956年苏共二十大后，保共中央召开“四月全会”，批判契尔文科夫的“个人崇拜”，解除了他的部长会议主席职务（降为部长会议副主席），但仍保留其政治局委员资格。安·于哥夫出任部长会议主席。

1958年6月2—7日，苏共中央总书记赫鲁晓夫参加保共七大；大会表示赞成苏共二十大。1961年10月苏共二十二大后，保共于11月召开中央全会，把契尔文科夫开除出保共中央政治局。

1962年11月5—14日，保共八大在索非亚举行，大会以“破坏社会主义法制，反对党的路线和团结”为由，把契尔文科夫开除出党，同时把于哥夫开除出中央委员会，并解除了他的部长会议主席职务。11月27日，托多尔·日夫科夫当选为部长会议主席。

保加利亚民居

1964年，保加利亚试行国民经济领导新体制。1971年4月20—25日，保共十大通过新党纲。5月18日，国民议会通过人民共和国第二

旧时农村厨房

旧时农村卧榻

部宪法。新党纲和新宪法提出，保加利亚已进入建设发达的（成熟的）社会主义社会的新阶段。7 月 7 日，日夫科夫当选为国务委员会主席，并由托多罗夫接任部长会议主席。

1981 年 3 月 31 日至 4 月 4 日，保共举行十二大，日夫科夫作总结报告。7 月 16 日，菲利波夫当选为部长会议主席，托多罗夫改任国民议会主席。10 月 20 日，在索非亚隆重举行了保加利亚建国1300周年庆祝大会。

1989年11月10日，保加利亚发生“剧变”——保共中央全会以“同意日夫科夫同志一年前提出的辞职要求”为名，免去了他的党内外一切职务，并选举政治局委员彼得·姆拉德诺夫为保共中央总书记。12月7日，10个较大的反对派联合成为“民主力量联盟”。

1990年1—2月，保加利亚当权派和反对派就国家“前途”问题举行了“圆桌会议”，决定对宪法进行局部修改。2月8日，安·卢卡诺夫被选为部长会议主席。4月3日，保共更名为“保加利亚社会党”。6月10—17日，大国民议会选举分两轮进行，共选出400名议员。社会党在选举中获胜，在议会中占有多数。在议会举行的选举中，姆拉德诺夫当选为保加利亚第一任总统。7月6日，姆拉德诺夫迫于政治压力而宣布辞职。8月1日，国民议会选举民主力量联盟领导人热柳·热列夫担任临时总统。11月15日，改国名为“保加利亚共和国”。

1991年 7月12日，国民议会批准《保加利亚共和国宪法》。新宪法规定，保加利亚为多党议会制共和国。国民议会通过了《恢复依据区域和农村建设法、居民点计划建设法、居民点公益建设法、国家财产法、所有权法而没收的部分财产权所有权法》（简称“物归原主法”）、《私有化和私有化后监督法》《鼓励投资法》等。

四、政治军事

国家制度

根据 1991 年 7 月 12 日国民议会批准的《保加利亚共和国宪法》，保加利亚是一个实行立法、司法和行政三权分立的议会制共和国。

国民议会是国家最高常设机构、唯一的立法者，它拥有对执行机构实行监督的权力和能力。国民议会实行一院制，240 名议员按比例制由选民直接选举产生，任期 4 年。

共和国总统是国家元首和武装力量总司令。总统由全民直接选举产生，任期 5 年。总统象征全民的团结，并在国际上代表国家。

部长会议（政府）是中央执行机构，其主席（总理）根据总统授权组成政府。政府成员则根据总理的提名，由国民议会表决通过。

国家权力机构之间对管辖权的争议由宪法法院裁决。宪法法院由 12 名法官组成，其中 4 名由国民议会选举产生，4 名由总统任命，4 名由最高上诉法院和最高行政法院的全体法官会议选举产生。

总　统

自 1989 年“剧变”以来，保加利亚已产生了 6 位总统，其中后 5 位总统被称为“共和国总统”，他们执政的时期被称为“第四保加利亚国家”。

6 位总统及执政时间分别是：

彼得 · 姆拉德诺夫（1990 年 4 月 3 日至 1990 年 7 月 5 日）

热柳 · 热列夫（1990 年 8 月 1 日至 1997 年 1 月 22 日）

彼得 · 斯托扬诺夫（1997 年 1 月 22 日至 2002 年 1 月 22 日）

保加利亚总统府（赵雪林 摄）

格奥尔基·珀尔瓦诺夫（2002年1月22日至2012年1月22日）

罗森·普内夫内利耶夫（2012年1月22日至2017年1月22日）

鲁门·拉德夫（2017年1月22日至今）

鲁门·拉德夫，预备役将军，保加利亚共和国（1990年11月15日起）的第五任总统。出任总统前，他是一名战斗机飞行员，军衔为少将，2014—2016年担任保加利亚空军司令。

拉德夫1963年6月18日出生在季米特洛夫格勒，其母亲和父亲分别是会计和电气工程师。他本人1982年以获得金质奖章的优异成绩从哈斯科沃市自然—数学中学毕业并考入高等人民空军学校，1987年以年级第一名的成绩毕业。1992年从美国亚拉巴马州的“麦克斯韦尔”空军基地的美国空军航空大学中级军官学校毕业。1994—1996年在保加利亚拉科夫斯基军事科学院司令部培训班学习，获得年级第一名的优异成绩并于2000年完成军事科学博士论文答辩。2003年，拉德夫再次毕业于美国空军航空大学的空战学院，获战略研究硕士学位。

拉德夫2014年离婚，与前妻有两个孩子。与现今妻子育有一继子。

议　会

保加利亚首届议会产生于1879年2月，至今已历7届大国民议会和43届例行国民议会，本届议会是第44届例行国民议会。大国民议会一般由400名议员组成，例行国民议会由240名议员组成。议会分两种形式行使职权：大国民议会负责制定或修改宪

索非亚市中心一景，正中是保加利亚国民议会议员办公大楼，左为总理府和中央百货大楼，右为总统府和喜来登饭店（黄洁 摄）

法，例行国民议会则行使一般立法权和监督权。

2017 年 3 月 26 日，保加利亚举行大选，21 个政党或政党联盟参加 240 个议席的角逐。4 月 19 日，第 44 届国民议会正式组成并开始工作。议会的席位分配情况是：参与组阁的欧洲发展公民党 95 席，联合爱国者党 27 席，支持内阁的意志党 12 席；反对党主要由保加利亚社会党组成的“为了保加利亚”联盟 79 席，争取权利与自由运动 25 席；独立议员 2 席。其他在大选中得票率不足 4% 的政党一律被排除在议会之外。本届议会设有 23 个常设委员会和 9 个临时委员会。

议会领导人包括1名主席（议长）和若干名副主席（副议长），他们分别来自不同的党派。

现任国民议会主席：茨维塔·卡拉扬切娃。

茨维塔·卡拉扬切娃是第41届、第42届、第43届国民议会议员，来自欧洲发展公民党，曾是第43届国民议会副主席，2017年11月17日当选为第44届国民议会主席（议长）。通晓俄语。

卡拉扬切娃于1968年2月25日出生在鲍利亚罗沃市，毕业于机械工程专业。曾在新保加利亚大学攻读管理专业，做过设计师，是欧洲发展公民党在克尔贾利地区分支机构的创始人。

政　府

1879年4月16日，保加利亚在摆脱了奥斯曼帝国统治后，制宪会议通过了《构成法》即“特尔诺沃宪法”。该宪法对部长会议（政府）的实质、构成、产生办法等做了具体规定。同年7月5日，保加利亚历史上的第一届政府组成，总理是托多尔·布尔莫夫。

1880年至2019年，保加利亚共组成71届政府，拥有54位总理，其中任职时间最长的是斯坦科·托多罗夫（连续两任，即自1971年7月9日至1981年6月17日）。从1990年至今共经历过16届政府，13任总理。

现行宪法规定，部长会议（政府）由在议会中占有最多席位的政党或政党联盟单独或联合其他政党组成。

现任总理：鲍伊科·鲍里索夫（1959 年— ）。

鲍伊科·鲍里索夫于 1959 年 6 月 13 日出生在索非亚西郊的班卡镇。其母是一名小学老师，父亲是内务部索非亚局的职员。鲍里索夫 1982 年进入内务部索非亚市局工作。1985 年至 1990 年在军官培训和科研活动高等学院任教官，后升为系主任，军衔至预备役少校。1991 年离开内务部系统后，成立了自己的保安公司。曾经为下台的日夫科夫提供保安服务，保加利亚前国王西美昂二世流亡半个多世纪回国时，鲍里索夫的保安公司曾为这位前国王提供保安服务。2001 年被时任总统斯托扬诺夫任命为内务部秘书长。2005 年当选索非亚市长。2006 年成立自己的政党“保加利亚欧洲发展公民党”。2009 年 7 月至 2013 年 3 月、2014 年 11 月至 2017 年 1 月，两度出任保加利亚总理。本届总理任期即鲍里索夫的第三个总理任期开始于 2017 年 5 月。

鲍里索夫信奉东正教。1984 年至 1990 年曾是保共党员，2001—2006 年参加“西美昂二世国民运动”政党，2006 年组建的自己的政党——保加利亚欧洲发展公民党，也叫“格尔勃”党（该党缩写音译），自任主席。

司法机构

保加利亚宪法规定设立最高司法委员会、最高上诉法院、最高行政法院、总检察院。最高司法委员会由 25 名委员组成，任期 5 年，到期后不得立即再当选该委员会成员。其下属督察局由 1 名总督察和 10 名督查员组成，其成员由议会 2/3 以上议员选举产生，任期 5 年。最高上诉法院院长、最高行政法院院长和总检察长均应是其成员，其余 11 名成员由议会选举产生，另 11 名成员由司法机构选举产生。最高上诉法院院长、最高行政法院院长、总检察长均由总统根据国民议会的建议任命，任期 7 年，并不得连任。

主要政党

1989 年保加利亚“剧变”后，登记注册的政党近 300 个。目前，稍有影响的政党共 141 个，其中主要有保加利亚欧洲发展公民党（亦称“格尔勃”党）、爱国者联盟、保加利亚社会党、意志党、争取权利与自由运动、民主力量联盟、西美昂二世国民运动、保加利亚欧洲左翼、保加利亚实业家集团、保加利亚社会民主党、绿党、民主中心党、新选择自由联盟、保加利亚统一社会民主党等。

保加利亚政党虽多，但主要分为六大类：

第一类是中间偏右的民主党，这些政党坚持民主治国思想，主张实行市场经济，国家对经济实行较弱的行政干预，将市场关系引入社会领域，如教育和保健等。在对外政策上，倾向美国、北约和欧盟。截至 2017 年 4 月，保加利亚最大的中右政党是自由保守的、民粹的、亲欧的保加利亚欧洲发展公民党（即“格尔勃”党）。它是欧洲人民党和国际民主联盟的成员。此类政党的另一个代表是改革者联盟，其成员有保加利亚公民运动、民主力量联盟、保加利亚农业人民联盟、保加利亚新民主、保加利亚民主论坛、人民联盟等。

第二类是自由党，这些政党主张自由治理国家，希望给予少数民族更多的自由和权利，修建宗教场所和与过去历史有关的纪念碑，希望更多的言论自由，少数民族在学校可使用母语等，其代表政党就是争取权利与自由运动。

第三类是民族主义政党，这些政党坚持民族主义思想，强调民族主权，在很大程度上不考虑欧盟、北约、世界贸易组织等国际组织对相关国家提出的要求；维护消费者的利益，主张大众能够享受到教育和医疗以及其他社会服务；赞成国家对经济进行强有力的行政干预。此类政党在议会的代表是爱国者联盟。

第四类是社会党，这些政党坚持国家治理的公众性，主张国家对经济进行强有力的调节，少一些市场的因素。其代表是保加利亚社会党。

第五类是中间立场的政党，这些政党坚持国家对经济进行温和的调节。其代表是西美昂二世国民运动。

第六类是传统政党之外的政党，主张实行直接民主。其代表是保加利亚直接民主联盟。

保加利亚欧洲发展公民党 简称“公民党”（保文名称：Граждани за европейско развитие на България，ГЕРБ）。执政党，是一个中右、保守、自由主义的政党，成立于 2006 年 12 月 3 日，其前身是“保加利亚欧洲发展公民联盟”。其党章明确规定，该党保文缩写 ГЕРБ 是一个词，就是党的名称。ГЕРБ 一词在保文中有“徽章”的意思，但作为党的名称，音译即可，即可以简称为“格尔勃”党。现任总理鲍伊科 · 鲍里索夫是该党主席。该党设 3 名副主席。最高机构是执行委员会和监督委员会。

“格尔勃”党自从2009年赢得议会选举后，至今已第3次执政。2007年，该党在欧洲议会议员选举中，获得保加利亚18个议席中的5个议席，2009年获得保加利亚17个议席中的5席，2014年获得6席。在2015年的地方选举中，“格尔勃”党拿下了28个区府所在城市中23个城市的市长职位。

保加利亚社会党（Българската социалистическа партия，БСП）。 1891年由布拉戈耶夫创立。曾称保加利亚社会民主党、保加利亚社会民主工党、保加利亚共产党（紧密派）、保加利亚工人党（共产党）、保加利亚共产党。

1990年1月30日至2月2日，保加利亚共产党第十四次特别代表大会通过了《保加利亚民主社会主义宣言》和新党章。4月3日，保共最高委员会会议决定更名为“保加利亚社会党”，并把机关报《工人事业报》更名为《言论报》。

1990年，保加利亚社会党赢得大国民议会400个议席中的211席，两次单独执政（1990年2—9月，1990年9—12月）。此后至今，要么作反对派，要么与其他政党联合执政。在2015年的地方政府选举中，未能获得1个区府所在城市的市长职位，在265个乡中，只赢得了41个乡委员会主席的职位。

保加利亚社会党主席、“为了保加利亚”联盟议员团主席：科尔内莉亚·纳诺娃。

爱国者联盟　为了参加2016年的总统选举，马其顿内部革命组织——保加利亚全国运动、拯救保加利亚全国阵线、阿塔卡联盟3个民族主义联盟联合起来，成立了爱国者联盟。该联盟在2017年的大选中总共获得27个席位，与“格尔勃”党签署联合执政协议，组成联合政府。来自该联盟的瓦列里·西美昂诺夫出任政府副总理，负责经济和人口政策问题，克拉西米尔·卡拉卡恰诺夫出任负责社会秩序与安全的副总理并兼任国防部长。

爱国者联盟的主要主张是：实行社会市场经济，防止移民进入，奉行独立外交政策，反对垄断，注重安全，发展生产，倡导教育和民族精神。该联盟在2016年的总统选举中获得了得票率第三的成绩。爱国者联盟在目前的议会中总共有27席，在欧洲议会的17个席位中占据1席，在28个区府所在城市中占有6个市长职位，在265个乡中赢得了3个乡委员会主席职位。

爱国者联盟的并列领导人是瓦列里·西美昂诺夫、克拉西米尔·卡拉卡恰诺夫、沃伦·西德罗夫。

争取权利与自由运动 该“运动”是1990年1月4日成立的保加利亚土耳其族人政治组织，同年4月26日在索非亚法院正式登记注册，其创始人是艾哈迈德·多甘。争取权利与自由运动是一个持中间立场的政党，是自由党国际的成员。该党主张民族平等，尊重所有人的权利和自由，通过制定正确的民族政策达到民族间的谅解和团结。从1991年到2017年，“运动”曾9次参加大选，两度支持政府，三度参加联合政府执政。其在议会中的席位在15—38个之间变动，当两个大党势均力敌的时候，它往往作为一个中间的关键因素，或参与执政，或参与推翻政府，重新进行大选。在2014年的欧洲议会选举中，它获得了保加利亚 17 个议席中的 4 席。在 2015 年的地方政府选举中，赢得了 28 个区府所在城市中的 1 个市长的职位。在 2017 年的国民议会选举中获得 26 席，仅次于爱国者联盟。

争取权利与自由运动主席：穆斯塔法·卡拉戴厄。创始人多甘一直是该党的名誉主席。

民主力量联盟 简称“民盟”。1989 年 12 月 7 日成立时，是一个松散的政治实体，包括 16 个政党和组织。该党在政治上主张实行西方议会制，在经济政策上主张私有化，在对外政策上主张加入北约和欧盟。1991 年 10 月大选时分裂成“运动派”“中心派”和“自由派”，3 派各自独立参加选举，其中的“运动派”获胜执政。1992 年 10 月 28 日，民盟政府辞职，暂时丧失了执政地位。在 1994 年 12 月的议会选举中，民盟再次严重受挫，得票率仅为 24.4%。接着，民盟在 12 月 29 日召开会议，选举经济学家伊万·科斯托夫为全国协调委员会主席。1997 年正式改组为政党，据称当时有 6 万党员。主要成员是青年学生、工人和知识分子，在首都和大城市影响较大。在同年 4 月 19 日的议会选举中，民盟成立“联合民主力量”联盟参选并获胜，组成以科斯托夫为首的政府。2001 年 2 月，民盟同农民联盟和民主党组成“联合的民主力量”联盟，但在同年 6 月的议会选举中只获得 18.17%的选票，在议会中只有 51 个席位，大大落后于“西美昂二世国民运动”，因此再次成为在野党。在 2003 年 10 月的地方选举中获得约 21%的支持率。该党自成立之后多次发生分裂，影响日趋下降。在保加利亚的转轨过程中，虽然民盟犹如昙花一现，势力渐渐式微，但伊万·科斯托夫被认为是保加利亚转轨30年来最强有力的一任总理。在目前的第44届国民议会当中，民盟没有一个议席，在欧洲议会当中也没有一个议席。

从成立到现在，民盟先后有过11任主席，现任主席是鲁门·赫里斯托夫，其机关报为《民主报》。

西美昂二世国民运动 其前身是“为了稳定和繁荣全国运动”，成立于2001年年初，当时是一个以大学法学系师生为骨干的支持西美昂二世回国竞选的运动。同年6月，该运动获得42.74%的选票，流亡海外的前国王当上了总理。2002年4月，该运动成为政党。2007年，正式更名为西美昂二世国民运动。起初，西美昂二世国民运动将自己定位为保守党，申请成为欧洲人民党的成员，遭到拒绝后，改弦易辙，成为自由党国际的成员。2005年在议会中获得53席，参加保加利亚社会党和争取权利与自由运动的联合政府执政。2009年后，再也没有跨入议会门槛。

现任西美昂二世国民运动主席：斯塔尼米尔·伊尔切夫。

军 队

1990年1月26日，保加利亚国务委员会决定取消军队和警察中的保共组织，禁止在部队开展党派活动。同年9月成立了国家安全委员会，委员会主席由总统担任。安全委员会负责制定同武装力量有关的对内对外政策，战时制定反对外来侵略的方针政策。

1991年11月8日，国防部长改由文职官员担任。

仪仗队

保加利亚实行义务兵役制。根据2000年5月修改后的《国防与武装力量法》，适龄青年服兵役的时间由12个月减至9个月，其中高等院校毕业生服兵役的时间由9个月减至6个月。

保加利亚武装力量包括保加利亚军队和其他直接受国防部领导的机构："军警"局、"军事情报"局、军事科学院和其他高等军校、军事医学科学院、地面通信和信息系统、中央军区、中央炮兵技术试验场、国防部司令部、直属国防部机构的军人，在战时还可以将国家安全系统的其他机构和力量纳入武装力量。

保加利亚武装力量的总人数为3.9万人。保加利亚是北约成员，有610名军人参加阿富汗维和部队，保加利亚在伊拉克的维和人员已于2008年撤出。

保加利亚海军

保加利亚军队拥有大约600辆坦克，其中160辆在使用中；1000辆装甲车，其中大约350辆在使用中；有192门重型火炮；有300多门排雷火炮；21架米格－21战机，其中15架适用于作战；18架苏－25T23；11艘战舰（4艘护卫舰、3艘轻型护卫舰、3艘导弹驱逐舰和1艘潜艇），还有其他运输装备。防空装备有208门高炮和大约500具空防装置。这些装备大多是苏制的。保加利亚拥有比较发达的国防工业，生产雷达电子装备、战斗机零配件、导弹、自动武器、火炮、榴弹发射器、弹药、军服和无人机等。社会主义年代曾向中东国家出口武器。

五、经济

百年发展轨迹

保加利亚学者把本国最近 100 多年来的经济发展划分为 4 个阶段。

第一阶段，1900—1918 年，即到第一次世界大战结束时，保加利亚作为欧洲落后的农业国之一，其经济仍像 19 世纪 90 年代以来那样，在世界上以中等速度平稳发展。中部的斯利文、加布罗沃、特尔诺沃和旧扎戈拉等地出现了工厂，巴尔干山两侧的手工业也很发达，其产品远销东方和西方国家。农业机械代替了部分手工劳动。开始修筑铁路，建立银行系统。1875—1911 年，人均国民收入年增长 1.7%，发展速度超过所有巴尔干国家但低于俄国、德国、意大利、罗马尼亚、美国、加拿大等国。

第二阶段，1918—1948 年，即在两次世界大战之间，保加利亚经济的主要特征是在复杂的国际形势下，寻找自己在欧洲和世界经济中的位置。在这一阶段，农业生产结构发生了变化，尤其是畜牧业得到了较快发展，保加利亚成为欧洲典型的农业国，即蔬菜、水果、鲜奶、奶酪、油脂和肉类的生产国和出口国。由于缺少资金和资源，直到20世纪中叶，工业一直发展得比较缓慢。1939年，农业和工业产值之比为75∶25，农产品（烟草、粮食、蛋类、果菜）在出口中占95%。由于这一时期人均国民收入的年增长速度只有0.78%，保加利亚在经济上拉大了同其他国家的距离。

第三阶段，1948（实现了工业和银行业的国有化）—1989年（发生“剧变”）。这一时期被称为“苏联式社会主义”时期，保加利亚实行高度集中的计划经济。但是，由于保加利亚在经互会范围内参加了国际分工，工业得到迅速发展，生产结构大大改善。农业就业人口在全国就业人口中所占比重由80%（1950年）减少到19%（1990年）。1970—1980年，保加利亚的国民收入、固定资产和工业产值都翻了一番，居民的实际收入也随之增加了45%。但是，由于计划经济体制的束缚和经互会的局限性，生产效率较低，产品技术含量不高，在国际市场上缺乏竞争力，终于在20世纪80年代末和90年代初造成了严重的政治、经济和社会问题。

二战以来的经济发展（单位：美元）

年份	1939	1989	1999
人均国内生产总值	1057	1602	1528
工人平均月工资	58.3	129.5	112.0
平均月退休金	33.1	42.0	32.9
工业产值占国内生产总值比重	27.0	67.9	28.9
工业就业人口比重	8	45	27
城市居民比重	21	64	69

资料来源：2000 年 12 月 28 日保加利亚《言论报》。

第四阶段，即 1989 年“剧变”后，保加利亚经济慢慢进入市场经济的轨道。

保加利亚作为一个工业化国家，在过去几十年中，其经济实现了快速发展，国民生活水平显著提高，外商直接投资不断增加。2018 年国内生产总值约合 640 亿美元（2015 年为 490 亿美元），比上年增长 3.1%。国家的出口总额约合 400 亿美元，比上年减少 0.8%；进口总额约合 399 亿美元，比上年增加 3.7%。人均国内生产总值约合 9080 美元。2018 年的基尼系数为 39.6。

在全球金融危机前的 10 年间，保加利亚国内生产总值（GDP）年均增长率一直保持在 6% 以上。随后，经济增长仍较强劲，国家宏观经济，尤其是在能源、矿业、机械制造业、农业、旅游业等方面，呈现出光明的前景。2018 年，保加利亚人均 GDP 为 7829 欧元（合 8630 美元），这在欧盟国家中是较低的。根据欧盟的统计，保加利亚的人均 GDP 约为欧盟平均水平的一半，因此，其经济发展潜力依然巨大。

核心产业

保加利亚被誉为巴尔干地区最具活力的市场之一，由于国家大力推进基础设施建设，营造有利的商业环境，加上它本身就是欧盟国家，占据通往欧盟、地中海、中东以及西亚北非国家市场的有利地理位置，核心产业发展迅速。

工业 早在社会主义时期，保加利亚就开始发展重工业。20世纪80年代以来，保加利亚逐渐转向了包括计算机零部件和生化制药等在内的轻工业领域。目前，全国工业领域不断扩大，电子产品和生活日用品行业发展尤快。

保加利亚过去生产的叉车

能源产业 保加利亚是巴尔干地区最大的电力生产国之一，其电力除满足本国需要外，还出口到其他巴尔干国家。该国北部的科兹洛杜伊核电站是目前正在运行的核电站，其 5 号和 6 号两个机组总装机容量为 200 万千瓦。它生产的电力最多时占全国电力产量的 42.6%。由于第二座核电站贝列内核电站迟迟不能上马，有人建议在科兹洛杜伊核电站继续建造 7 号和 8 号发电机组。

除了一座核电站和 60 多个大大小小的水电站之外，保加利亚还拥有数座大型火电站，包括装机容量为 145 万千瓦的马里查东方 2 号火电厂、装机容量为 87 万千瓦的马里查东方 3 号火电厂、装机容量为 63 万千瓦的博博夫多尔火电厂以及装机容量为 60 万千瓦的鲁塞东火电厂。

近年来，保加利亚大力发展新能源项目，主要是风能和太阳能。清洁能源的比重已经达到欧盟规定的标准。

旅游业 保加利亚有着丰富且保存完好的文化遗产和山水如画的自然风光，是闻名国际的旅游胜地，吸引着大批来自希腊、土耳其、罗马尼亚、德国、英国、俄罗斯以及北欧国家的游客。近年来，来自中国的旅游者明显增加，2018 年猛增到 3 万人。

瓦尔纳海滩

2010 年，保加利亚开始大力发展高档度假区，各风景区的观光人数不断增加。大到首都索非亚和中世纪都城大特尔诺沃，小至黑海沿岸的金沙滩、阳光海岸等海滨度假区与班斯科、马廖维查、帕姆波罗沃、波罗维查等地的冬季滑雪场，都是热门的度假胜地。保加利亚的矿泉、温泉以及泥疗也颇有名气。据保加利亚国家统计局提供的数字，2017 年，在保加利亚国内旅游度假的国内外游客总数达到了 1159.6 万人次，而 2007 年只有 770 万人次。保加利亚的目标是到 2020 年，国内外游客总数达到 2000 万人次。

农业　保加利亚的肥沃土地是农作物产量的保证，也是农业经济的基石。它是世界主要薰衣草和薰衣草油出产国之一，其玫瑰油更是闻名天下。玫瑰油现已被广泛用于生产高级乳霜和香水以及药物添加剂。保加利亚的农作物主要包括小麦、玉米、大麦、甜菜、葵花子、烟草、番茄、黄瓜和柿子椒等。该国的乳品业相当发达，知名产品包括用保加利亚特有的乳酸杆菌生产的酸奶、白奶酪、干酪等。此外，一些地方农场种植的苹果和葡萄也很有名，葡萄酒名闻天下，大量出口。保加利亚特有的葡萄品种包括赤霞珠、梅洛、梅尔尼克、鲁宾、戈姆扎以及帕米德等。

大面积种植向日葵

采摘葡萄

采矿业 采矿业是保加利亚出口收入的主要来源之一，行业总产值约为 7.6 亿美元。保加利亚人均金属产量在东欧位居前列，钢产量在巴尔干国家独占鳌头。其他矿产还有金、铅、铜、锌、银、铝等。

GDP 构成以及主要出口目的地国和进口来源国 2015 年，在保加利亚的 GDP 构成当中，服务业已经占到 67.7%，工业占 28%，农业只占 4.3%。保加利亚产品的五大出口目的地国，第一是德国（约占 13.7%），第二是意大利（约占 9.3%），第三是罗马尼亚（约占 8.5%），第四是土耳其（约占 7.9%），第五是希腊（约占 7.0%），其余国家总共占约 53.3%。保加利亚的五大进口来源国依次是德国（13.1%）、俄罗斯（8.9%）、意大利（7.9%）、罗马尼亚（7.0%）、土耳其（6.2%），其他国家总共为 56.9%。2016 年的出口额约 340 亿美元，进口额约为 320 亿美元。保加利亚与土耳其、北马其顿、阿尔巴尼亚、以色列、摩尔多瓦、波黑、塞尔维亚、黑山等国签有自由贸易协定。

劳动力市场 保加利亚全国大约有 330 万劳动人口，其中 56% 从事服务业，33% 从事工业生产，11% 从事农业。目前，失业率已经降低至 10% 以下。主要工会组织有“支持”工会联合会和保

布尔加斯港

加利亚独立工会联合会。

公路和铁路建设 到2013年年底，保加利亚公路里程总共达到19678千米，其中高速公路605千米，一级公路2975千米，二级公路4035千米，三级公路12063千米。铁路里程4032千米。根据计划，到2018年年底，高速公路里程应达到800千米。目前在建和计划修建的高速公路还有558千米。从首都索非亚到土耳其边境和到希腊边境，已经全部修通高速公路。

货币委员会

在经历了1996—1997年的严重经济危机之后，1997年保加利亚开始实行货币委员会制度。

当时由维德诺夫领导的保加利亚社会党政府为了应对国家的经济问题，采取了既想保障就业，又想偿付外债，控制汇率的政策，结果导致经济危机进一步加深。政府宣布停止偿付外债，因此引起国内外不满，导致金融崩溃。国际货币基金组织宣布，只有实行货币委员会制度，才能继续提供金融援助。直到维德诺夫政府垮台后，1997年春，索非扬斯基领导的看守政府与国际货币基金组织达成协议。1997年7月1日，货币委员会与新的人民银行法同时生效。人民银行（央行）的货币发行局开始履行货币委员会的职能。根据这一制度安排，保加利亚将列弗与德国马克挂钩，实行固定汇率，1000列弗兑换1德国马克。1999年欧洲启动欧元之后，改为1欧元兑换1955.83列弗，同年列弗进行币值改革，去掉了三个零，汇率就变成1欧元兑换1.95583列弗。这一汇率一直保持至今。

货币委员会制度的实行，产生了非常明显的效果。外资开始大量流入，迎来了经济的高速增长。

从 1990—1997 年以及 1999—2002 年，年均通货膨胀率由 210% 降低到了 5.7%；年均国内生产总值增长率由 −4.6% 变成 4.1%；年均投资增长率由 −8.8% 变成了 20%；财政赤字由 6.3% 变成了 0.1%；外债在国内生产总值中的占比由 168% 降低为 75%。

玫瑰油

保加利亚玫瑰油曾在全球市场上一枝独秀——20 世纪 70—80 年代，其产量曾占世界的 80%。随着国际竞争加剧，现在的产量仅占世界的约 10%。

玫瑰国王和王后

玫瑰油只能从特殊品种的玫瑰花中提取，通常需用2800—3200公斤花瓣才能精炼出1公斤玫瑰油和10公斤玫瑰水。每狄卡尔（合1.5亩）玫瑰园可产玫瑰花瓣450公斤。玫瑰油分液态和固态两种，其中含有120多种有效成分，如雄刈萱醇、风吕醇、橙花油醇、石蜡等，它是制作上等玫瑰香水的原料，并在医疗保健中得到广泛应用；玫瑰水则可用于制作护肤品、调味品和食品。

世界上生产玫瑰油的国家主要有保加利亚、土耳其、法国、摩洛哥、俄罗斯、乌克兰、印度、伊朗、中国等。

保加利亚种植炼油玫瑰已有300多年的历史。上世纪初，玫瑰园的面积曾占世界种植面积的84%，年产玫瑰油5.4吨。这些玫瑰园集中在保加利亚中部、巴尔干山南麓的“玫瑰谷”中，地处谷地的卡赞勒克市向有“玫瑰之都”的美称，一年一度的玫瑰节即在该市举行。每年6月第一个周末举办的玫瑰节，已经经历了100多年的风风雨雨。

酸　奶

世界公认，酸奶起源于保加利亚丰腴的土地。据传，在旷古久远的年代，现今保加利亚土地上的牧民发现，他们灌于皮囊、背在身上的羊奶，在气温和体温的作用下经常变酸，呈现渣状。当他们在无意中再把变酸之奶倒入煮过之奶时，他们又惊奇地发现，煮过之奶也跟着变酸，并且气味芬芳，口感极佳。于是，世界上最早的酸奶问世了。随着时光的流逝，酸奶慢慢传到了欧洲其他国家，传到了美洲大陆。

索非亚 LB 国营酸奶厂实验室

展示酸牛奶

家制浓稠酸羊奶

20 世纪初，俄国科学家、诺贝尔奖获得者缅奇尼科夫发现，保加利亚酸奶中有一种能杀灭大肠内腐败细菌的杆菌，他将它命名为“保加利亚乳酸杆菌”。在保加利亚民间，人们早就用酸奶来治疗发烧、日炙、消化道疾病等。近年来，科技工作者又发现，保加利亚酸奶还有抗肿瘤、抗辐射等功效，并且是糖尿病人的首选食品之一。

在保加利亚，酸奶就像面包一样不可或缺。在全国大小商店、市场的货架上，酸奶品种令人眼花缭乱：酸牛奶、酸羊奶、原味奶、果味奶任客挑选。

保加利亚原味酸奶不仅本身就是上乘的饮品，而且它还能衍生出各种美味佳肴。1996 年，在保加利亚举办酸奶菜谱征集大赛时，参赛者竟达万人之多。经过筛选，组委会最后编成一本《酸奶菜谱 333》。

葡萄酒

布尔加斯“黑海之金”酿酒厂一角

保加利亚的气候和土壤条件非常适合酿酒葡萄的生长。在这个只有700万人口的国家，葡萄种植面积约合 150 万亩，葡萄酒产量近 40 万吨（1.1 亿公升），其中 80%用于出口。目前，保加利亚在葡萄种植方面工艺成熟，人才济济，全国的葡萄种植实现了良种化，70%的手工劳动已被机器代替。当然，在保加利亚农村，在葡萄收获季节，几乎家家户户都要自酿度数偏低的红葡萄酒，以备一年之需。

保加利亚葡萄酒分红、白两类，每类又有干酒、半干酒之分，其中以干酒产量最多。此外，还有香槟等带汽酒，以及属于葡萄酒类的威士忌、白兰地等。

保加利亚葡萄种植和酿酒研究所（Vine-Growing and Wine-Producting Institute）设在本国西北部盛产酿酒葡萄的普列文市。该所创建于1902年，是国家级基础和应用科学研究中心。其科研工作集中于如下方面：采用传统技术和生物技术培育新品种的酿酒葡萄；栽种材料的生产技术；有利于环境保护的酿酒和食用葡萄的生产技术；作物保护；葡萄酒和葡萄饮料的生产技术。

普罗夫迪夫国际博览会

普罗夫迪夫早在1892年就举办了工农业商品展销会。1936年，展销会演化为现代国际博览会，并成为当今国际博览会联盟的成员。1947年，在博览会原址上建成了一座“博览城”。

“博览城”占地36万平方米，展出面积9.5万平方米，其中24个展馆的室内展出面积为6万平方米，露天展出面积为3.5

普罗夫迪夫国际博览会露天展

万平方米。

普罗夫迪夫国际博览会作为保加利亚国内最大的商业中心和国际著名的展览中心，每年定期举办4种国际性的商业展出活动，即春季消费品博览会、秋季技术博览会、葡萄酒博览会（2月）和农业博览会（3月）。此外，博览城还每年主动或应国内外公司的要求，主办其他内容的国内或国际展览会、国际会议、文化活动等。中国贸促会每隔几年即组团参展。

“列弗”小史

保加利亚货币的基本单位列弗，是保加利亚语“雄狮”一词的谐音。

历史上，保加利亚长期沦为异族统治。因此，“雄狮”的象征意义不言自明；而“列弗”源于何时，却难以考证。早在1878年保加利亚同其他巴尔干国家一起挣脱奥斯曼帝国统治以前，“列弗”就已在该国流通。一位奥地利外交官1781年曾经写道，保加利亚农民“须为耕种土地（向土耳其封建主）缴纳十列弗银币”。

1878年后，保加利亚有几年同时使用法国、俄国和土耳其的货币。1880年5月23日，保加利亚国民议会才通过一项提案，决定保加利亚货币仍称“列弗”。次年，面值1列弗的银币和钞票正式进入流通领域。

雄狮图案——保加利亚的象征

六、教育科学

教育概况

保加利亚教育起始于 9 世纪——斯拉夫文字的创始人基里尔和梅托迪当时培养了一些门徒。第一保加利亚王国时期，教育的主角是奥赫里德学派和普利斯卡—普雷斯拉夫学派。第二保加利亚王国时期，教育的中心转移到了特尔诺沃。在奥斯曼帝国统治时期，里拉修道院、巴奇科沃修道院等修道院成了保加利亚人精神生活的主要场所。1835 年，在加布罗沃创立了保加利亚第一所世俗学校。1891 年，保加利亚以法律形式开始了小学义务教育。1888 年为高等教育的发端。1990 年以后，私立学校迅速发展起来。

保加利亚官方规定，对 16 岁以下的儿童实行义务教育。保加利亚一般将 3—7 岁归为学龄前教育阶段。基础教育实行八年一贯制，但分为两个为期 4 年的小阶段，其中一至四年级（7—

10岁或11岁）为基础教育起步阶段，即小学教育阶段；五至七年级（10岁或11—13岁或14岁）为基础教育阶段，称为初中教育阶段；八年级至十三年级（14岁或者15—18岁）为高中教育阶段，学校称为中学或职高。这一阶段的学校分为两种，一种是八至十二年级的高中或专科中学（如法语中学、英语中学、德语中学等），另外一种是九至十三年级（15—20岁）的职高或者技校。

开学第一天

快乐少年

保加利亚的高等教育不实行义务教育制。高等教育分为大学与高等专科学校两种，高等专科学校的学制为3年，学生毕业后可获职业学士学位，大学本科学制4年，学生毕业后可获学士学位。高中毕业后读五年大学、高等专科学校毕业后读两年大学，大学本科毕业后读一年大学，即可获得硕士学位。获得硕士学位再读3年即可获得博士学位。欧盟承认保加利亚53所高校的毕业文凭，中国教育部承认其中40所高校的毕业文凭。

保加利亚政府重视教育。2013年国家用于教育的开支占国内生产总值的3.59%，占政府支出比重的10.69%。2015年，保加利亚学龄前儿童为29万人，小学生27万人，中学生50万人，大学生 38 万人。在保加利亚中学毕业生中，平均 1.89 人可有 1 人进入大学学习。由于大学教育的普及和教育水平的滑坡，近年来，保加利亚大学的录取分数不断降低，文科从总分 30 分（保加利亚实行 6 分制）降为 15.7 分，经济专业的录取分数从总分 24 分降低为 15.13 分。报刊对高校的腐败现象时有披露。体育教育的水平不断下降，1988 年在汉城奥运会上奖牌数排名第 7 名，2008 年在北京奥运会的排名降为第 42 名。

根据欧洲的一项统计，保加利亚居民中有 21% 的人懂俄语，15% 的人懂英语。掌握其他外语的人数比例还在不断上升。2000 年后，30% 的小学生将英语作为母语之外的第二门语言来学习，25% 的学生将法语作为第二门语言来学习。

索非亚大学

在索非亚市中心，国立“圣克利门特·奥赫里茨基” 索非亚大学雄伟的巴洛克建筑十分惹人注目。这个半圆形的建筑用保加利亚质地细密的白色石灰石饰面，正门庄严，两侧是格奥尔基耶夫兄弟的巨型雕像。这所大学的主楼最初是用兄弟俩提供的 1 万平方米地皮和 600 万金列弗捐款建造的。整个工程分两期完成，即 1924—1934 年建成大学的主楼部分，

索非亚大学外景

1940—1952年建成大学主楼的两翼。建筑物内有65个教室、167个备课室和70多个阅览室等。自建立以来，索非亚大学已历经73位校长。从2015年起，校长是阿塔纳斯·格尔吉科夫。

同欧洲其他大学相比，索非亚大学比较年轻。但是，它代表了保加利亚整个高等教育的发展。1888年10月1日，保加利亚为了解决历史和哲学科学方面的师资问题，开办了为期一年的高等师范培训班，当时只有学生43人、教师8人。次年，培训班变成了保加利亚第一所高等学校，增设了数学和物理系，学制也改为3年。学校开始不招女生，1901年才为12名女生敞开了大门。

索非亚大学作为全国的高等学府，是保加利亚现今许多有名的高等学校和科学机构之母。1948年，农艺、兽医、林业技术等系同大学分离，组成了保加利亚农业科学院。1950年，医学系独立出来，成了保加利亚高等医学院。

目前，索非亚大学下设3个学院（语言教育学院、信息与教师进修学院、体育学院），16个系，88个专业，有大约2.2万名学生。2009年的报考人数为10720人，录取人数为5162人，即2.08人争取一个位置。

保加利亚科学院

1869年9月30日，还在奥斯曼帝国统治时期，保加利亚一些怀着科学救国抱负的人士，冲破封建势力的藩篱，创立了保加利亚学会。在最初12年里，学会以现今罗马尼亚境内的布勒伊拉为中心开展活动，出版科学编年史和保加利亚学者的著作，并

保加利亚科学院

创办了自己的刊物《定期学报》。1881 年，学会迁至首都索非亚，1911 年又改名为保加利亚科学院。当时的科学院主要在历史和语言学、哲学和社会科学、自然和数学 3 个领域从事研究活动。

1926 年，保加利亚科学院在市中心国民议会广场北面建成了自己的大楼。这个建筑物虽然只有两层，但它正门上方象征着科学和艺术的雕塑，玲珑别致，造型美观，被视为索非亚建筑艺术的珍品之一。

1944 年以后，保加利亚科学院从一个封闭性的学术机构变成了推动和协调全国科学文化发展的中心，它的研究所和实验室遍布全国。作为全国最高科学机构，科学院的主要任务是从事数学、自然科学和社会科学的基础研究，同时，它也根据同各经济部门和经济组织签订的合同，进行一定的应用科学的研究。鉴于应用科学研究的经济收入不多，科学院的工作主要由国家预算拨款维持。

保加利亚科学院的最高领导机关是全体大会，它由科学院的院士、通讯院士和其他著名科学家组成。全体大会选出以科学院院长为首的主席团，负责领导科学院的全部活动。为了协调同索非亚大学的活动，科学院设有一个协调中心。从2016年起，保加利亚科学院院长是尤里安·雷瓦尔斯基院士。

保加利亚首位宇航员格·伊万诺夫，1940年7月2日出生在洛维奇市。1979年4月10日乘“尤里·加加林”号宇宙飞船遨游太空，进入“联盟-33”空间站进行科学研究

保加利亚科学院约有科研人员3900人，他们分别在50个研究所、16个实验室、3个科学中心、3个博物馆、1个天文台等机构中从事研究工作。

自20世纪90年代以来，保加利亚科学院遵循“科技成果率”的原则进行了内部改革，取得了显著效果。目前，在科学院系统工作的科研人员虽仅占全国科研人员总数的15%，但他们每年取得的专利数却占全国的25%，而科技成果则占全国的57%。

近年来，保加利亚科学院还实行“对外开放”的政策，同包括中国在内的约40个国家签署了合作文件。在同欧盟的科技合作中，保加利亚科学院继乌克兰等国之后，在中东欧国家中名列第四。

2009年，欧洲科学基金会（ESF）和欧洲国家科学院联合会（ALLEA）的来自17个欧盟国家的40名专家学者，对保加利亚科学院的71个机构和科学研究项目进行了评估，根据质量和产出标准，具有国际竞争力的研究所一个也没有，但在自身领域有重要贡献、有一定国际影响的研究所有17个（占24%），在国际范围内有显著成就的、做出有价值贡献的有36个（占51%），有稳定研究、在本国贡献突出的有17个（占24%），没有稳定研究的只有1个（占1%）。总的评价是，按照国际标准，保加利亚科学院的大多数研究所进行了有价值的研究活动，个别研究小组在国际上处于领先地位。保加利亚目前科研的主要障碍是经费不足和研究人员断层。

农业科学院

农科院的种子库

保加利亚农业科学院的重点研究对象是80多种作物（粮食作物、豆类作物、饲料作物、经济作物、水果蔬菜、葡萄花卉），以及主要种类的牲畜（牛、羊、猪、禽、鱼、蜂）。具体任务有：遗传、育种、生物技术；用于提高农畜产品产量和质量的生理—生物技术；土壤学、农业生态学和环境保护；病理学和防病系统；食品鉴定；农畜产品生产体系和技术；农牧业原料加工技术；高效农业的经济研究。

目前，保加利亚农业科学院同30多个国家的相关研究所和科学组织在近200个项目上进行双边和多边合作，其中40多个项目由外国提供经费。主要合作对象是欧盟成员国、北约和联合国有关机构。

七、文化钩沉

欧洲文明的发祥地之一

全世界的历史学家、考古学家和其他学者早就开始研究保加利亚土地上的文化积淀。他们证明，旧大陆的这一部分正是欧洲文明的发祥地之一。对现今保加利亚土地上首批居民的遗迹进行的考察说明，早在旧石器时代和中石器时代（公元前 20 万年—前 7000 年），这里就有人居住。人们在保加利亚某些洞穴中发现的别具一格的岩画以及燧石、骨器和石器，就证明了这一点。

考古学家仅从黑海海滨城市瓦尔纳的铜石并用时代的 290 多处墓葬中，就发掘出了 3000 多件黄金饰品、祭器、权力象征物以及陶器、铜器、骨器和石器。但是，由于这个时代还没有文字记载，人们在研究种族变化时会遇到许多困难。从种族角度来看，可以肯定的是，色雷斯人的群体是在公元前 2000 年的中期在巴尔干半岛形成的。

具有独特文化的色雷斯人曾定居于巴尔干半岛的东南部。在色雷斯人看来，人的生命不因死亡而终止，他的灵魂将解脱人间苦难，继续活在“另一世界”。当一个新生命降临人世时，所有亲人都要围坐在他身边，数落他可能遭遇的不幸；当一个长者亡故时，所有亲人都会欢天喜地，祝福他跨进殷富生活的门槛。男人死后，妻子们总是要展开辩论，看谁最受丈夫宠爱。下葬之日，被亲戚朋友定为“爱妻”者，会心甘情愿地走到墓地，由亲人打死，同丈夫埋在一起。其余妻子自然都很悲伤，因为她们未能交此好

古都普利斯卡遗址

运。色雷斯富人的葬礼是极其隆重的，遗体要露置三日，供人凭吊，死者的墓穴里还有供他在“另一世界”享用的食物、武器和器皿。

色雷斯人在古代创造了曾对人类产生过巨大影响的“色雷斯文化”——他们在8000年前就制造了漂亮的金器。色雷斯人是多神论者，他们崇拜各种自然力。“德梅特拉”是他们的土地神，“萨巴西埃斯”是酒神，即希腊神话中的狄奥尼索斯神。色雷斯人喜欢音乐，因而产生了神话歌手奥菲士。据说，奥菲士在特洛伊战争之前生活在罗多彼的崇山峻岭之中，他的歌声能使猛兽俯首，顽石点头。

历史演进到7—9世纪，保加利亚文化成了一种混合的继承物——既有色雷斯和罗马—拜占庭时代的遗产，又有斯拉夫人和古保加利亚人带到巴尔干半岛的传统。

第一保加利亚王国的京城普利斯卡是最闻名的城市。它的面积达23平方千米，分为内城和外城。可汗和贵族的宫殿在内城（宫殿的地基至今犹存），内城由一道筑有几座塔楼的坚固石墙加以保护；外城四周有土墙和城壕，普通居民就住在这里。

斯拉夫文字的创造与传播

斯拉夫字母的创造者——带有斯拉夫血统的希腊学者、教育家、神学家康斯坦丁－基里尔（Cyril，又译“西里尔”，约826—869）和梅托迪（Methodius，又译“美多迪乌斯”等，815—885）两兄弟，出生在当时拜占庭帝国最大的城市之一的萨洛尼卡。哥哥梅托迪在拜占庭任行政要职多年，后来当了修士。

弟弟基里尔少年时代就好学不倦，多才多艺。他在君士坦丁堡（今伊斯坦布尔）有名的麦格诺拉学校受过良好的教育，后来也当了修士，并在圣索非亚教堂管理图书。他还被委以重要的政治任务和教会使命，到过巴格达和俄罗斯南部。

为了用本民族的语言来教导斯拉夫人民，使他们免被异族同化，兄弟俩经过多年努力，于 855 年在希腊字母的基础上，完成了一套斯拉夫字母，即所谓“格拉戈里字母”，接着又把一些比较重要的宗教书籍翻译成了斯拉夫文。

863 年，拜占庭皇帝应摩拉维亚（今捷克一带）罗斯蒂斯拉夫大公的请求，把两兄弟派到那里创立斯拉夫教会并从事教育工作，以削弱日耳曼的影响。他们在那里工作了 3 年。由于日耳曼教士指控他们为异端，他们被迫于 867 年到罗马去向教皇申辩。教皇承认了他们译成斯拉夫文的经典，他们还获准用斯拉夫语在“圣马利亚”教堂举行宗教仪式。当两兄弟还在罗马时，基里尔于 869 年 2 月 14 日去世并被葬在罗马的一个名叫圣克利门特的大殿里。梅托迪则继续工作，孜孜不倦地把许多基督教经典翻译成了斯拉夫文，并培养了一批造诣较深的门徒。

梅托迪逝世后，日耳曼的影响在摩拉维亚牢固地建立起来，梅托迪的门徒被驱逐出境，其中克利门特、纳乌姆和安格拉里 3 人到保加利亚避难，受到保加利亚统治者鲍里斯大公的热诚欢迎。鲍里斯于 886 年把克利门特派到保加利亚西南部的库特米切维查地区工作，那里有两个主要城市——德沃尔和奥赫里德（今北马其顿境内）。克利门特作为一个教师和传教士，在那里待了 7 年。

他开办了一所学校，并把3500多个学生训练成为教师和神父。893年，克利门特被任命为奥赫里德的主教，史称克利门特·奥赫里茨基，克利门特去世后被葬在现今北马其顿境内奥赫里德湖畔的“圣潘特莱蒙教堂”。梅托迪的另一门徒纳乌姆，则留在保加利亚新的都城普雷斯拉夫工作。

基里尔（左）和梅托迪（右）

由于基里尔和梅托迪及其门徒克利门特、纳乌姆等的辛勤工作，保加利亚成了使用斯拉夫文字的中心，即中世纪欧洲的“第三个文化中心”。曾长期作为官方语言的希腊语，逐渐被斯拉夫语所代替。

圣徒基里尔和梅托迪的事业及其影响，大大超出了保加利亚的历史范围，为斯拉夫和整个欧洲基督教文明的发展打上了深深的烙印。由于克利门特等启蒙者和神职人员的潜心研究和积极活动，保加利亚文学取得了丰硕成果，并相继传入周围的斯拉夫各国，特别是对基辅罗斯产生了巨大影响。保加利亚文学传到基辅罗斯大约是在988年以后，当时俄罗斯人已经信奉东正教，需要用人民大众懂得的斯拉夫语言来撰写祈祷用书和世俗书籍，而这样的书籍只能来自保加利亚，因为当时那里是重要的教育和宗教启蒙的策源地。保加利亚文学也传到了塞尔维亚、瓦拉几亚（今罗马尼亚）和摩尔多瓦。

两兄弟后来被东方教会追谥为圣徒，罗马天主教会也于1880年开始为他们举办纪念活动，建立于1888年的保加利亚第一所大学索非亚大学，也以他的名字命名，被称为“索非亚圣克利门特·奥赫里茨基大学”。

现如今，在意大利罗马的教堂里还保留着基里尔和梅托迪的壁画，保加利亚、北马其顿、捷克等国都竖立着这两位斯拉夫字母创造者的高大塑像。

13—14世纪的文化

13—14世纪，中古保加利亚的文化达到了全盛时期：兴建了许多要塞、宫殿、修道院和教堂；出版了大量书籍；创作出一些奇妙的小型插画；产生了许多文学流派。

四十殉道者教堂的文物　在第二保加利亚王国时期，京城特尔诺沃作为全国的宗教中心，修建了许多教堂，其中最著名的是四十殉道者教堂。它是1230年根据保加利亚国王伊凡·阿森二世的命令在扬特拉河畔修建的。其中一根大理石柱上刻有纪念克洛科特尼查村大捷的铭文，另一根大理石柱上的铭文则记载着奥穆尔塔格可汗大兴土木的活动。教堂被壁画装饰得金碧辉煌，其中最引人注目的是前廊内墙上带插画的教历。它由若干画面组成，画的是各基督圣徒殉道的事迹。每幅画上还标示着该圣徒的忌日。

巴奇科沃修道院的文物　巴奇科沃修道院位于罗多彼山区的查亚河谷之中，它最初是在1083年由格鲁吉亚血统的拜占庭

巴奇科沃修道院

大臣格里戈里·巴库里安尼创建的。古老的修道院建筑未能保存下来，从中古时代遗留下来的只有一座建筑在修道院的回廊外面的骨堂。它的下层是陵墓，上层是小教堂，里面有着引人入胜的12—14世纪的壁画以及其他文物，其中之一是一幅国王伊凡·亚历山大（1331—1371）的画像。另一幅画于1310年的圣母像上面有格鲁吉亚文的题词。

另外几处像里拉修道院的文物和鲍亚纳的壁画等，都被列入世界文化遗产名录。

帕伊西《斯拉夫保加利亚史》

在保加利亚人民反抗奥斯曼帝国统治的民族解放运动中，第一个理论家当推帕伊西·希伦达尔斯基。他才识过人，无限热爱本国人民。

帕伊西于1722年出生在班斯科的一个商人家庭。1745年，他进了阿托斯山上的希伦达尔修道院，后来又转到佐格拉夫修道院。他很早就产生了要写一部保加利亚历史的想法，并历尽辛劳，用很长时间搜集有关保加利亚的史料，终于在1762年写成名著《斯拉夫保加利亚史》（全称为《关于人民、关于保加利亚国王和神父、关于保加利亚的各种活动和保加利亚的过去的斯拉夫保加利亚史》）。

这部书充满了伟大而热烈的爱国主义精神，它向保加利亚人民讲述了祖国的光荣历史，教导他们要以自己这片土地为荣。他写道：

对于所有斯拉夫民众而言，最辉煌的是保加利亚人；他们是第一个称自己为沙皇的人，第一个有宗主教，第一个接受基督教，是他们征服了最辽阔的土地。因此，对于所有斯拉夫民众而言，他们是最强壮的，最高贵的，第一批来自保加利亚的斯拉夫圣徒通过保加利亚语放射出他们的光辉。

班斯科的帕伊西石雕像

帕伊西指出，保加利亚人没有必要感到自己低希腊人一等，而应该相反。他写道：

他们说希腊人更聪明更有文化，而保加利亚人头脑简单、愚蠢，没有优美的语言——这就是为什么我们要融入希腊的原因。但是，有许多民族比希腊人更聪明、更有荣耀。……没有一个希腊人会像你们一样愚蠢到放弃自己的语言、自己的教育和自己的民族。……保加利亚不要欺骗自己，要了解你们自己的民族和语言，用自己的语言进行研究。

每一个保加利亚人都应当懂得自己的语言，应当学会读保加利亚文，学会写保加利亚文字。

帕伊西想借此书唤醒人民的民族自尊心和自豪感。他在书中发出一个响亮的号召——要保加利亚人认识到自己是一个民族，要热爱自己的语言、自己的祖国和保加利亚人这一称号，决不要以称自己是保加利亚人为耻。

《斯拉夫保加利亚史》写得言简意赅，所用语言与人民群众的口语较为接近。帕伊西说：“为了淳朴的保加利亚人民，我写了这本淳朴的书。”由于当时保加利亚还没有印刷业，这本书全凭手抄本传遍四方，读者很广，对保加利亚人民的影响极为深远。它铺设了保加利亚民族复兴之路，也被视为保加利亚文学和历史学的开山之作。正如保加利亚伟大作家伊凡·伐佐夫所说，这部书是一个火花，它点燃了保加利亚民族解放运动的燎原烈火。

语 言

保加利亚语是最古老的斯拉夫书面语言。它属于印欧语系斯拉夫语族南斯拉夫语支，并经历了4个发展阶段：9世纪以前的口语阶段；9—12世纪的古保加利亚语阶段；12—14世纪的中古保加利亚语阶段；始于15世纪的新保加利亚语阶段。

古保加利亚语起源于基里尔和梅托迪兄弟855年创造的格拉戈里字母，以及9世纪末在保加利亚产生的基里尔字母。古保加利亚语是俄语、塞尔维亚语、斯洛文尼亚语、克罗地亚语等书面语言的基础。保加利亚现代书面语是在民族复兴时期形成的，其主要特征是格的形式消失了，并有了动词的9个时态和4种式，有性（阴性、中性、阳性）、数（单数和复数）的变化，一般通过词尾判断名词的性，单数名词通过词尾的变化而变成复数名词。另外，保加利亚语有定冠词，并加在词尾。形容词的性数变化与被形容的名词保持一致，形容词有普通级、比较级和最高级之分。

索波特的伐佐夫石雕像

文 学

保加利亚的文学创作历史悠久，公元9世纪用斯拉夫文字撰写的东正教书籍被认为是最早的文学创作。历史上的奥赫里德学派、普利斯卡—普雷斯拉夫学派、特尔诺沃学派等，对文学产生了很大影响。18 世纪民族复兴的启蒙思想家帕伊西撰写的《斯拉夫保加利亚史》，被认为是保加利亚第一部历史文学作品。

18 世纪末和 19 世纪初，保加利亚文学带有浓厚的教育色彩。这一时期，人们对民间创作的兴趣较为浓厚，因而出现了米拉迪诺夫兄弟的《保加利亚民歌集》（1861）。

在 19 世纪的民族解放斗争中，保加利亚涌现出了许多进步的文学家，他们不仅以自己的献身精神载入史册，同时还以自己不朽的诗歌、小说、戏剧作品等流传后世。他们之中有拉科夫斯基、波特夫、卡拉维洛夫等。稍晚一些时候，伐佐夫以世界名著、保加利亚第一部长篇小说《轭下》和诗歌、戏剧等，歌颂了保加利亚人民反抗土耳其奴役的英雄业绩。批判现实主义作家康斯坦丁诺夫、埃林 · 彼林、斯塔马托夫和诗人雅沃罗夫等也写出了不少揭露资本主义的黑暗和丑恶的力作。

20 世纪 30 年代，在蓬勃发展的工人运动中成长起来的作家有诗人波良诺夫，文艺理论家基尔科夫，诗人斯米尔嫩斯基、瓦普察洛夫，小说家卡拉斯拉沃夫等。现实主义作家约夫科夫的作品具有强烈的民主和人道主义倾向，又富有浪漫色彩和民族特色，达到了较高的艺术水平。

1944 年以后，社会主义现实主义在保加利亚文学创作中占了上风。比较著名的长篇小说有《铁灯》（塔列夫）、《烟草》（迪莫夫）、《普通人》（卡拉斯拉沃夫）、《伊万 · 康达雷夫》（斯塔内夫）等。拉迪奇科夫、海托夫、佩特罗夫、迪米特罗娃等作家的作品也很有特色。著名诗人有拉德夫斯基、巴格里亚娜、加贝、拉林等。著名戏剧家有济达罗夫、拉多耶夫、若特夫、贾加罗夫等。

保加利亚作家协会成立于1948年，1994年分裂为保加利亚作家协会和保加利亚作家联合会。此外，保加利亚还有两个独立的组织——独立作家协会和自由作家协会。保加利亚作家协会有会员500多人。

中华人民共和国与保加利亚建交之后，20世纪50年代双方即互派留学生。1961年，当时的北京外国语学院正式设立了保加利亚语言文学专业，担负起了培养中国保加利亚学专业人才的重任。起初，中国的一些俄语翻译大家从俄语译本翻译了不少保加利亚的文学名著，此后，中国的保加利亚学专家也开始介绍并翻译保加利亚文学作品。这些作品主要有：伐佐夫的长篇小说《轭下》（施蛰存原译，樊石、叶明珍根据保文补译）、狄莫夫的长篇小说《烟草》（秦水译）、伐佐夫的《诗选》（杨燕杰译）、《波特夫诗集》（杨燕杰、叶明珍译）、《保加利亚童话选》（刘知白译）、维任诺夫的长篇小说《夜驰白马》（陈九瑛、叶明珍译）、《埃林·彼林选集》（陈文赏、魏振东译）、康斯坦丁诺夫的《甘纽大叔》（蒋维屏、叶明珍译）、海托夫的《野性故事》（余志和、谢学敏等译）、卡门·卡尔切夫的《新城奇缘》（樊石、余志和译）、拉伊诺夫的 《黑天鹅》（樊石译）、古利亚什基的《怪人》（樊石译）、《保加利亚中短篇小说集》（余志和译）等。

美术与建筑

保加利亚美术的起源同东正教的传播紧密相连。18 世纪民族复兴之前的美术珍品大多同宗教壁画和雕塑有关。民族解放运动时期出现了反映民间景物和生活的现实主义绘画。1896 年，保加利亚成立了国立美术学校。18 世纪和 19 世纪兴起的民族建筑和木雕、装饰艺术是保加利亚建筑艺术的瑰宝，这些优秀传统在其后的城市建设和住宅建筑中得到发扬。城市雕塑艺术随着都市建设和文化设施的建设而迅速发展。新建的数以百计的文化宫、体育馆、纪念馆、纪念碑、剧院以及旅游区的建筑群各具特色，展现了保加利亚建筑艺术的民族风格和现代化水平。近现代著名美术家有迪米特罗夫、佩特罗夫、任多夫、贝什科夫、鲁赛夫、德波娃等。

19 世纪的富人宅邸

音乐舞蹈

著名民歌手巴尔坎斯卡

18 世纪，保加利亚盛行教堂歌曲。19 世纪，城市歌曲兴起。1851 年，舒门成立了保加利亚第一个乐队。1908 年，索非亚成立了“保加利亚歌剧团”。1912 年，保加利亚成立了第一家交响乐团。此后，保加利亚声乐和交响乐发展较快，并涌现出了一些著名的作曲家和歌唱家。20 世纪 70 年代前后，保加利亚轻音乐蓬勃兴起。

芭蕾舞演员

保加利亚于 1951 年创建了第一所芭蕾舞艺术学校，1967 年又成立了“阿拉别斯克”芭蕾舞团。

保加利亚民族富有音乐舞蹈传统，全国各地有风格不同的民间音乐和舞蹈，其中流行最广的是圆圈舞、手帕舞等。为了继承和发扬民间歌舞的优良传统，保加利亚成立了“库特夫”“皮林”“色雷斯”“多布罗加”等民间歌舞团。

保加利亚还定期举办国际艺术节，如索非亚国际青年歌手赛、索非亚音乐周、瓦尔纳之夏国际芭蕾舞比赛、“金色奥菲士”音乐节、布尔加斯国际民间艺术节、鲁塞三月音乐日、“红罂粟”

国际歌咏节、普罗夫迪夫国际室内乐艺术节等。

戏　剧

保加利亚戏剧发端于 19 世纪民族解放运动中，1856 年首次演出话剧。1883 年在第二大城市普罗夫迪夫成立了第一个专业剧团。1888 年在索非亚成立了“哭与笑剧团”，这个剧团于 1904 年被改组为现在的伊凡 · 伐佐夫人民剧院。1948 年创办了高等戏剧学院。

除话剧外，保加利亚还有木偶剧、哑剧、歌剧、音乐剧等。保加利亚的讽刺剧在国际上享有盛誉。

保加利亚著名的剧作家有伐佐夫、亚沃罗夫、拉迪奇科夫等。戏剧工作者的团体为演员协会。

在索非亚上演的露天歌剧《国王卡洛扬》

电　影

1897年，保加利亚人第一次欣赏了外国人在本国放映的电影。1908年，保加利亚（索非亚）有了第一家电影院。1910年，保加利亚开始生产纪录片。1915年，保加利亚摄制了第一部故事片《保加利亚人彬彬有礼》。至第二次世界大战时，保加利亚约生产了200部文献和科普纪录片、180部新闻纪录片、42部故事片。

1948年，电影制片厂收归国有。1952年，保加利亚拍摄了第一部彩色影片和第一部宽银幕电影。

据一卷本《保加利亚百科全书》（2003），该国影响较大的故事片有：《当我们年轻的时候》（1961）、《太阳与影子》（1962）、《偷桃子的人》（1964）、《不穿铠甲的骑士》（1966）、《白屋》（1968）、《圣像壁》（1969）、《永别了，朋友们》（1970）、《黑天使》（1970）、《小子要走啦》（1972）、《山羊角》（1972）、《普查野兔》（1973）、《别墅区》（1975）、《独占优势》（1977）、《障碍》（1979）、《无名战士的漂亮皮鞋》（1979）、《随机应变》（1981）、《背道而驰》（1986）、《共度时光》（1988）、《我，一个伯爵夫人》（1989）、《金丝雀的季节》（1993）、《迟来的满月》（1997）。

新闻出版

1844年，保加利亚第一家杂志《语文》创刊。1846年，第一家报纸《保加利亚之鹰》问世。1878年，保加利亚摆脱了奥斯曼帝国统治后，以保加利亚文在国内出版的报刊约30种，而在罗马尼亚、俄罗斯等国出版的报刊约60种。1944年以后的主要报纸有《工人事业报》《农业旗帜报》《祖国阵线报》，文学方面有《文学阵线报》《火焰》《九月》等。

保加利亚目前发行的报纸约650种，刊物约550种。每年出版图书近6000多种。全国发行量最大的报纸是已被德国“瓦茨”报业集团收购的《劳动日报》和《24小时报》。保加利亚社会党的机关报1990年创刊时名为《言论报》，2001年改名为《共和国报》。民主力量联盟的机关报《民主报》创办于1990年。

保加利亚通讯社（简称“保通社”）为国家通讯社，组建于1898年。同世界上许多国家通讯社建立了合作关系，包括同中国新华社相互交换新闻和图片。保通社领导人由国民议会任免。民营通讯社有“索非亚新闻社”和“巴尔干通讯社”。

保加利亚国家广播电台为全国性广播电台，成立于1929年，其领导人由国民议会任免，业务受电子媒体委员会监督。1958年开始全天播音。对外用10多种语言广播。

保加利亚电视台为全国性电视台，其领导人由国民议会任免，业务受电子媒体委员会监督。1959年开播。

1989年以后，私人广播电台和电视台纷纷出现。

“基里尔和梅托迪”人民图书馆

保加利亚最大的图书馆“基里尔和梅托迪”人民图书馆坐落在索非亚市中心，紧靠索非亚大学。图书馆大楼前有一个花团锦簇、万年青镶边的小园，园中正中耸立着斯拉夫文字的创始人基

“基里尔和梅托迪”人民图书馆

里尔和梅托迪兄弟的全身雕像。

该图书馆诞生于1878年12月1日。现在的7层大楼建于1939—1943年，它占地1.4万平方米，其中书库为4700平方米，其余区域被辟成26个阅览室。这些阅览室按学科分类，有座位6000多个。

“基里尔和梅托迪”人民图书馆是保加利亚民族文化的支柱、文化遗产的宝库。从1897年起，保加利亚各个时期的法律都作出规定，本国的各种出版物必须存入图书馆两份。因此，这里珍藏着保加利亚最早的手稿、文献、书刊。图书馆每年收到国内各地和世界许多国家的书籍、报刊、唱片等5万多份。日积月累，图书馆的藏书已达90万册，在巴尔干半岛首屈一指。

近年来，人民图书馆大大加强了科学服务工作，它通过电子计算机终端网络，同国内其他图书馆和保加利亚科技情报中心联系，可随时相互提供科技情报。

对于临时访问保加利亚的外国人可以凭护照办理阅览证。

文化名人

由安·潘特夫、博·加夫里洛夫在7名顾问的帮助下编著的《影响我国历史的100名保加利亚人》(1997)共列出了19位文化名人。他们是：作家或诗人佩特科·斯拉维伊科夫(1827—1895)、柳本·卡拉维洛夫（1834—1879）、瓦西尔·德鲁梅夫（1841—1901）、赫里斯托·波特夫（1848—1876）、扎哈里·斯托扬诺夫（1850—1889）、伊凡·伐佐夫(1850—1921)、阿列科·康斯坦丁诺夫(1863—1897)、彭乔·斯拉维伊科夫（1866—1912）、埃林·彼林（1877—1949）、佩约·亚沃罗夫(1878—1914)、约尔丹·约夫科夫(1880—1937)；音乐家或歌唱家约安·库库泽尔(公元8世纪)、迪科·伊利耶夫（1898—1984）、鲍里斯·赫里斯托夫（1914—1993）；画家扎哈里·佐格拉夫（1810—1853）、弗拉迪米尔·迪米特罗夫－马伊斯托拉（1882—1960）、迪米特尔·久杰诺夫（1891—1979）；杂技演员拉扎尔·多布里奇（1881—1970）、摔跤运动员丹·科洛夫（1892—1940）。

奥运会参赛国

保加利亚是1896年雅典首届奥运会的13个参赛国之一，虽

冰球小将

然当时只派出了 1 名体操运动员。截至 1936 年，保加利亚奥运选手中没有女性，1952 年赫尔辛基奥运会时首次派出 9 名女选手。

保加利亚选手在奥运会比赛中，曾在约 20 个项目中获奖，其中摔跤奖牌位居第一，其次是举重、田径、拳击、划艇、赛艇、体操、射击、艺术体操、排球、柔道、篮球、足球、赛马和网球。

在世界体坛上，足球运动员赫里斯托 · 斯托伊奇科夫也许是保加利亚最负盛名的人物。他曾被评为 1994 年欧洲最优秀的足

滑雪训练

球运动员，并获得了法国著名的《法国足球》杂志颁发的“金球”奖。他为保加利亚 1994 年在美国举办的世界杯足球赛上争得第四名作出了最大贡献。

当然，保加利亚的体育荣誉并非仅仅同足球有关。1954 年，保加利亚摔跤运动员尼科拉·斯坦切夫从墨尔本捧回了第一个奥林匹克奖杯。另一位摔跤运动员佩特科·西拉科夫则成了保加利亚的第一个世界冠军。

保加利亚举重选手曾在世界举坛上称雄多年，其中一名选手扬科·鲁谢夫曾获奥林匹克冠军和五次世界冠军，成了体坛上的一位传奇式人物。另一位保加利亚举重运动员斯特凡·托普罗夫是历史上第一个将三倍于自身重量的扛铃举过头顶之人。

保加利亚国家艺术体操队的运动员们曾被誉为“金子般的姑娘”，而斯特夫卡·科斯塔丁诺娃则是“地球上最高的女士”——她是 1996 年亚特兰大奥运会的冠军，2.09 米的跳高纪录的保持者。斯特夫卡是世界上唯一一个在正式比赛中 100 次越过两米高度的女运动员。

滑雪选手埃卡特里娜·达福夫斯卡第一次从冬季奥运会上为保加利亚捧回了金牌。她是 1998 年日本长野 15 公里滑雪射击比赛的世界冠军。

2000 年 12 月，即在 20 世纪之末，保加利亚体育记者协会等单位联合评选出了 4 名“世纪教练”：举重教练阿巴吉耶夫、足球教练佩内夫、田径教练佩特罗夫和艺术体操教练罗贝娃。

马丽娅·戈罗兹特娃获得 2004 年雅典奥运会气手枪射击冠军。

国际象棋大师韦塞林·托帕洛夫 2005 年和 2008 年两次获得保加利亚年度十佳运动员排行榜第一名。

主要节日（标有“*”者为正式节日）

*** 新年** 1 月 1 日。

伊万诺夫日 1 月 7 日。在某些地区，新婚男子要跳进露天水池洗澡。

春 节 2 月 21 日，（斋戒期前）最后荤食日（Сирни Заговезни）。各地要举行民间面具（кукери）游行，以驱除邪恶。入夜，年轻人要请求父母为他们祝福。

葡萄剪枝节 2 月 14 日。按照保加利亚古老的风俗，2 月 14 日是圣特里丰·扎雷赞节（Св. Трифон Зарезан），即葡萄剪枝节。当日要举行隆重的葡萄剪枝仪式。

佩尔尼克国际面具节 2 月。其时，当地青少年要表演面具舞。周边国家一般都要派

迎新年

葡萄剪枝节

面具舞

出表演团队。

购买“三月花”

“三月花” 3月1日为民间“白色和红色之节”。这一天，人们佩戴并相互赠送用红、白两种丝线编织成的各种花卉、鸟虫和小人（мартеница，俗称“三月花”或“三月结”），祈求、祝福健康。

*** 国庆节** 3月3日，亦称“解放日”。1878年俄土战争后，保加利亚大部分地区摆脱了奥斯曼帝国长达500年的统治。是年3月3日签订的《圣斯特法诺条约》规定建立一个自治的保加利亚国家。

托多罗夫日 3月7日，亦称“马之复活节”。许多地方要举办以马为主题的民俗活动——为马“梳妆打扮”后，让其参加

赛马 （选自 L.Tsvetkov “多彩保加利亚”摄影展）

评选或比赛，以祝马健康，褒扬马为农业作出的特殊贡献。

买卖柳枝

国际妇女节　3月8日。

***复活节**　一般为4月15—17日。

鲜花节（Цветница）　4月末的星期日，又名“柳枝节”。人们在这一天把鲜花或柳枝挂在大门上方，祝愿健康或丰收。姑娘们还用鲜花和柳枝扎成花环，戴在头上。按《圣经》说法，耶稣复活后从耶路撒冷街上走过时，孩子们纷纷向他抛扔鲜花。

***国际劳动节**　5月1日。

保加利亚军队节　5月6日，又名“勇敢节”。

***格奥尔基（乔治）日**　5月6日，又名“宰牲节”。人们在这一天举行联欢活动并会餐——集体享用特别风味的大锅羊肉汤。

***文字节**　5月24日。旧历5月11日即新历5月24日是斯拉夫文字的创始人基里尔和梅托迪两兄弟的纪念日，因而被定为“教育、文化和斯拉夫文字节”，是保加利亚最隆重的节日之一。

加布罗沃城里的“堂吉诃德”

幽默与讽刺节　5月底。

位于巴尔干山中段北麓的城市加布罗沃以盛产笑话称誉世界。从1965年起，这里每两年举办一次国际性的幽默与讽刺节——举办幽默与讽刺作品展并进行评选等，有的年份还在市内几个广场上组织市民狂欢活动。中国艺术家不定期参加该项活动。

采摘玫瑰

玫瑰节 6月的第一个星期日。“玫瑰谷之都”卡赞勒克市每年都要举办国际性的大型“玫瑰丰收庆典”，其中包括从当年中学毕业生中遴选年度“玫瑰王后”小姐，在玫瑰园举行玫瑰花采摘仪式，在老式玫瑰油作坊前表演民间歌舞，在市内主要街道举行盛装游行，并举办玫瑰油及其产品的销售洽谈活动等。

欢乐玫瑰园

满载而归

悼亡节（Задушница） 6月中的一个周末。人们这一天要携带丰盛的酒菜和面包，为逝去的亲人扫墓，并请神父为亡灵祈祷。

古法炼制玫瑰油

采药者伊万日 6月24日，

又称“圣夏伊万日”。传说太阳在这一天“嬉戏”和“旋转”，然后走向冬天。保加利亚人素有利用药用植物治病的习惯。据民间传说，这一天采集的药用植物具有神奇的疗效。

彼得日　6月29日，“圣徒彼得和帕维尔日”（名为彼得、帕维尔者的命名日）的简称。

伊利亚日　7月20日。

*** 合并日**　9月6日。1878年2月俄土战争结束后，保加利亚曾一度实现统一。但是，由于筋疲力尽的俄国再也无法顶住英、德、奥匈帝国等西方列强的压力，根据同年7月13日签订的《柏林条约》，保加利亚被分为北部独立的保加利亚公国和南部仍臣属土耳其的东鲁米利亚。1885年9月6日，在保加利亚人民争取统一的民族民主运动达到高潮之际，国家实现了南北两部分的合并。

*** 独立日**　9月22日。1908年9月22日，斐迪南大公宣布保加利亚独立，结束对土耳其的从属关系。

迪米特罗夫日　10月26日。这一天标志着夏天已经结束。旧时，佣人和长工不再工作；现在，有的教堂向人们施舍食物。

*** 圣诞节**　一般为12月25—27日。

八、首都索非亚

自然环境

保加利亚首都索非亚地处东经 23° 19’，北纬 42° 41’，伸展于和它同名的盆地的西南部。这个盆地呈椭圆形，东西长 75 千米，南北宽 16 千米，平均海拔 550 米。盆地四周的座座名山各有姿色，其中北面的巴尔干山峭峻嶙峋，南面的维托沙山巍峨秀逸，东面的中部山逶迤浑厚，西面的留林山翠色入云。

两条水量不大的河流——佩尔洛夫河和弗拉达亚河，穿过索非亚缓缓北去，在郊外汇入伊斯克尔河，最后注入多瑙河。在城市南面，伊斯克尔河的上游把由远及近的伊斯克尔湖、帕萨雷尔湖和潘恰雷沃湖 3 个人工湖连成一串，是城市的主要水源。

自然的丰厚赏赐和优越的地理位置，使索非亚属于温和的大陆性气候：冬天多雪而少风，夏季暖和而不热，年平均气温 9.7℃，降水量 644 毫米。这就是玫瑰等四季花卉得以生长繁衍的良好环境。

索非亚在历史上曾被称为“斯雷德茨”（这个名字意为“中心”），因它坐落在巴尔干半岛正中。按直线长度计算，它距罗马尼亚首都布加勒斯特 400 千米，距塞尔维亚首都贝尔格莱德 400 千米，距土耳其最大的城市伊斯坦布尔 550 千米，距希腊首都雅典 700 千米。

索非亚作为保加利亚的政治、经济和文化中心，现有居民 147 万人（2019 年），接近全国人口的 1/5，市区面积达 160 平方千米。

历史沿革

大约在公元前 5000 年，巴尔干半岛东部居住着色雷斯人。这个人口众多的民族分为 20 多个部落，其中于公元前 1000 年至前 500 年定居在当今索非亚盆地上的部落，名为塞尔迪，而他们的聚居地，即现在的索非亚，就叫塞尔迪卡。公元前 2 世纪至 1 世纪，塞尔迪卡已发展为具有城市特征的村庄。

1890 年的索非亚

市中心地下通道里的塞尔迪卡城堡遗址

圣索非亚教堂（赵雪林 摄）

索非亚女神

在此之前，即公元前3世纪，实力强盛的罗马帝国就开始侵犯巴尔干半岛。公元前168年，帝国军队在鲸吞了地域辽阔的马其顿王国后，着手征服色雷斯部落。公元46年，整个巴尔干半岛落入帝国之手，从前的色雷斯被分为两个行省，西边一省仍叫色雷斯。色雷斯省又被分为若干辖区，其中一个辖区的首府就是塞尔迪卡。

罗马帝国在征服色雷斯的最初几十年里，使用战时掳获的奴隶，广事开拓，把纵横交错的原有道路改造成为铺有大块石板的所谓“罗马古道”。塞尔迪卡地处交通要冲，具有重大战略意义，因而受到罗马皇帝乌尔皮·特拉扬（公元98—117年在位）的青睐。他在这里大兴土木，很快建起了一座罗马新城。这座新城当时获得了铸造罗马铜币的特权，这些铜币上饰有30多个罗马皇帝和皇后的头像。同时，为了“流芳百世”，特拉扬于公元110年在城市原名上冠以他的父名，塞尔迪卡于是又叫乌尔皮－塞尔迪卡。出生于邻近城市尼什的另一个罗马皇帝君士坦丁大帝（公元303—337年在位）多次驻跸这里，并曾骄傲地宣称：

“塞尔迪卡乃吾罗马。”

公元6世纪，斯拉夫人依仗火与剑，自多瑙河北岸南下定居，逐步深入拜占庭帝国[①]的边界。塞尔迪卡城堡周围慢慢出现了斯拉夫村庄。斯拉夫人从事农牧业和手工业，他们经常交换产品，同塞尔迪卡人的关系日渐密切。对他们来说，“塞尔迪卡”这个名字并不陌生，它同斯拉夫语中的“斯雷德”（“中心”之意）发音相近，于是有人索性把塞尔迪卡改称“斯雷德茨”。其后，由于“蛮族”入侵愈益频繁，城内的生活很不安宁，塞尔迪卡人纷纷往南迁徙，直至萨洛尼卡。因此，移居城内的斯拉夫人越来越多，“斯雷德茨”一名也随之固定下来。

就在斯拉夫人南下的同时，古保加利亚人也在巴尔干半岛崛起。古保加利亚人属突厥人种，公元2世纪时从中亚细亚迁到欧洲，先定居在里海和黑海之间，后移居多瑙河一带，同拜占庭帝国兵戎相见，取得节节胜利。在此基础上，公元681年，他们的首领阿斯帕鲁赫可汗同斯拉夫6个部族达成协议，联合建立了第一保加利亚王国。公元809年，国王克鲁姆在西征途中包围了斯雷德茨，设计诱使拜占庭卫兵打开了城门。从此，该城的命运就同保加利亚联系在一起。

拜占庭人对他们失去大片土地耿耿于怀，一再向保加利亚王国发动进攻。公元971年，他们攻克了王国的京城普雷斯拉夫，

①公元395年，罗马帝国分裂为东、西两部分，东罗马帝国定都君士坦丁堡（今伊斯坦布尔），史称拜占庭。

将国王鲍里斯二世掳往君士坦丁堡。在保加利亚王国残存的西南部半壁河山中，斯雷德茨是最重要的城市，一度成为大主教达缅的栖身之地。为了摘取保加利亚土地上的这颗明珠，拜占庭皇帝瓦西耳二世亲自率兵出征，把斯雷德茨围困了88天，才拿下该城。这发生在1018年。

在拜占庭帝国重新统治和其后的四次十字军东征期间，希腊编年史家曾把斯雷德茨分别称为“特里阿迪查”和“斯特拉利茨”。

1187年，保加利亚贵族阿森和彼得兄弟暴动成功，建立了第二保加利亚王国。1194年，斯雷德茨又并入保加利亚版图，从而开始了一个长治久安、富庶繁华的时期。在此期间，遭到战争破坏的城墙被修葺一新，斯拉夫人的不规则街道渐渐代替了斯雷德茨先前纵横笔直的罗马街道，木房和砖房也代替了罗马人的石房。随着宗教的传播，城内还修复和兴建了许多教堂，其中圣索非亚教堂的声誉不同凡响。从14世纪起，“斯雷德茨”的名称为“索非亚”代替，因为其时圣索非亚教堂宏伟壮观，富丽堂皇，内设一所神学院，在周围一带的教堂中堪称第一。

14世纪末，命运坎坷的索非亚又成了奥斯曼土耳其人的俎上肉。1382年，土耳其司令官拉拉·沙欣统帅大军，势如破竹地直抵索非亚城下。但是，索非亚保卫者凭借坚固的城墙，使用弓箭、石块和沸水顽强抵抗，使侵略者难以攻破。据说，沙欣最后利用奸细活捉了组织该城防务的亚努卡，把他吊在城门上，佯称要处以极刑，索非亚市民由于怜悯自己的执政官，才打开了城门。

奥斯曼帝国对保加利亚长达500年的统治从此开始了。索非亚的城墙被拆，房屋被毁，这座城市呈现出两种面貌：在富人居住的市中心，清真寺、客栈、浴池、市场构成伊斯兰世界；而在离此不远的地方，贫民的木房或茅舍低矮破烂，院里搭有牛棚、羊圈，旁边堆着高过人头的干草。其时，索非亚仅有居民3万多人。

沙皇立马广场

索非亚市区国民议会广场中央，兀立着一组引人注目的雕塑品——“沙皇解放者纪念碑”。纪念碑的上部是青铜铸造的一匹昂首翘尾的大马，马上坐着威风凛凛的俄国沙皇亚历山大二世。他左手执缰绳，右手捏战书，正在向世界宣告一场战争即将来临。纪念碑正面上书两行大字：上边一行写着“沙皇解放者”；下面一行写着“忠诚的保加利亚”。

1876年，保加利亚人民举行空前规模的“四月起义”，使奥斯曼帝国受到重创。次年4月，亚历山大二世乘机发动了最后一次俄土战争。6月，俄军强渡多瑙河，开进保加利亚国土。指挥南路的古尔柯将军，在4个保加利亚兵团的协助下，向南推进。1878年1月5日，俄军兵不血刃地占领了索非亚。为了纪念这一历史事件，索非亚成立了一个专门委员会，确定了建造一座纪念碑的地点，并为征集设计方案进行了国际竞赛。参赛的有13个国家的31名作者，其中意大利雕塑家阿·佐基获得头奖。按照他的设计，纪念碑于1901年奠基，1907年建成，高达14米，仅

沙皇亚历山大二世纪念碑（赵雪林 摄）

马高就有4.5米。

“沙皇解放者纪念碑”基座以上和沙皇马下的部分，再现了俄军自多瑙河南下的情景。这部分的正面是长着双翼的“胜利女神”，她左手拿着盾牌，右手举着出鞘的宝剑，在若干旗手的簇拥下，俯身向前。女神的左侧是骑在马上率军前进的古尔柯将军等，右侧则是指挥战斗的俄军总司令尼古拉耶维奇。

除“沙皇解放者纪念碑”外，索非亚还有两座纪念保加利亚摆脱奥斯曼帝国统治的纪念碑。位于该市西区布拉戈耶夫大街、托特列本大街和斯科贝列夫大街会合处的“俄罗斯纪念碑”，建于1880—1882年，高10米，上面镶着一块白色大理石板，石板上刻着“亚历山大二世”的字样和几行颂扬他的文字。另一座纪念碑在离“沙皇解放者纪念碑”不远的一个小公园里，名叫“医生纪念碑”。纪念碑呈方锥体，用巨石建成。顶部为石棺形，四面刻着俄军浴血战斗过的4个地方的名字：普列文、希普卡、梅奇卡和普罗夫迪夫。中部的一个巨石上，刻着523个在俄土战争中阵亡的俄国医生和卫生员的名字，而底部各方分别镶着两个石刻花圈。

俄土战争结束后，根据同年7月的《柏林条约》，与现今保加利亚领土大致相当的地域被分为两部分，一部分是包括索非亚在内的保加利亚公国，由俄国代管。为此，沙皇亚历山大二世把亚·德昂杜科夫派到保加利亚，建立了一个政府。政府中的首任总督也是俄国人彼·阿拉宾。俄国当局当时面临的问题之一，是确定保加利亚的首都。在这方面，保加利亚人分为两派，一派主张定都大特尔诺沃[①]，另一派认为索非亚的自然条件更为优越。德昂杜科夫同意后一种主张。1879 年 3 月 22 日，特尔诺沃制宪会议通过了关于定都的提案。4 月 3 日，宪法生效，索非亚成了保加利亚历史上的第四个首都。

山鹰与雄狮

举凡饱经外患而又不甘受辱的民族，都爱把鹰和狮作为本民族的象征。在索非亚，鹰和狮随处可见。

索非亚的桥梁不多，其中最有名的两座，就叫鹰桥和狮桥。

鹰桥横跨在索非亚东南部的佩尔洛夫河上，南接景色秀丽的鲍里斯公园，北通车水马龙的沙皇解放者大街，因此，它虽貌似平常（宽度仅 15.8 米），但却十分引人注目，每天招徕着无数游人。外国游客慕名而至，保加利亚人却怀着敬意而来。据说，1878 年 3 月，索非亚全市居民正是站在这座桥头，迎接从密林中归来的“山鹰”——反对奥斯曼帝国奴役的“海杜特”[②]。1890—1891 年，索非亚居民重建了这座桥，并在兀立于石桥四角的大方柱上塑了 4 只苍劲有力、朝着不同方向举翅欲飞的山鹰。

在保加利亚人民的心目中，山鹰是战神，又是古保加利亚的可汗的标志。在反抗奥斯曼帝国统治的年代，它的英姿曾出现在

---

① 特尔诺沃是奥斯曼帝国统治之前第二保加利亚王国的首都，因此，当时有人主张定都那里。第一保加利亚王国的首都是普利斯卡和普雷斯拉夫。

② 海杜特，奥斯曼帝国统治时期活动在深山密林中的武装反抗者。

“海杜特”的战旗上、保加利亚的铸币上和索非亚的城墙上。

鹰桥

狮桥坐落在索非亚北部的弗拉达亚河上，它重建于1889—1890年，长26米，宽18米。这座桥在奥斯曼帝国时期名为“彩桥”，因为它总是身披五彩油漆。那时，西方使者正是踏着这座桥进入索非亚，在土耳其主人的精心安排下，前往君士坦丁堡参加宰割保加利亚的列强会议。也许是为了雪耻，到了1891年，索非亚工匠造出了4头威武的石狮，让它们坐守桥头，“保卫”自己的城市。

狮桥

索非亚石匠建造雄狮，寓意更加深刻。雄狮象征着力量和勇敢，标志着保加利亚人民不屈不挠的斗争精神。在留存至今的许多保加利亚古代文物上，特别是在第二保加利亚王国时期的建筑物上，雄狮是最常用的装饰品。14世纪，保加利亚的许多铜币和银币上铸有雄狮。1649年12月16日，保加利亚爱国者在罗马尼亚开会后，曾致函波兰国王和威尼斯议会，斩钉截铁地表示：“保加利亚这头狮子尽管还在沉睡，但还活着。”雄狮同山鹰一样，曾绣在“海杜特”的战旗上。1871 年，民族英雄瓦 · 列夫斯基就指示他领导的革命组织，把雄狮印上他们的旗帜。直到现在，保加利亚国徽的主体，仍是 3 头直立的雄狮。

城徽的含义

索非亚的城徽，是 1900 年为参加巴黎一个国际展览会而制作的，设计者是当时的人民博物馆馆长瓦 · 多布鲁斯和美术学校校长伊 · 莫尔克维奇卡。城徽的原件保存在索非亚历史博物馆里。

索非亚城徽

索非亚城徽呈大小不等的两块重叠的盾牌形，小盾牌上是一头直立的雄狮，两块盾牌边缘之间的空地，被平分为 4 个部分。

在索非亚历史上，外患频仍，生灵涂炭，因此，城徽的两面盾牌表明了索非亚居民执干戈以卫社稷的决心。当然，在悠悠岁月中，索非亚人单凭勇敢并非总能取胜，他们有时又不得不求助于神灵——城徽的左上部正是绘着城市的护卫者女神之像。城徽的右上部是圣索非亚教堂的图案，这个教堂使城市有了迄今为止的名称。至于城徽左下部的维托沙山，以及右下部象征着丰富矿泉的健身神庙（阿波罗神端坐庙中），则显示了索非亚优越的自然条件。城徽盾牌的上方绘有王冠形的带垛口的城墙，而盾牌下方绕以绶带，上面写着“长生不老”。

列夫斯基纪念碑

索非亚东区伏加尔街等4条街的汇合处，有一座朴素的纪念碑——列夫斯基纪念碑。它用灰色花岗岩建成，高13米，下部为一棱柱，上部为一棱锥，中间夹着一层飞檐。棱柱的四面镶着不同的装饰品，其中朝北的一面为青铜制作的男人头像。这个男人长着一头浓密的金发，面部表情刚毅，两眼炯炯有神。头像下面刻着金光灿灿的文字：

献给保加利亚伟大的自由的使徒

瓦西尔·列夫斯基

列夫斯基像

索非亚列夫斯基纪念碑

瓦·列夫斯基于1837年诞生在巴尔干山南麓的卡尔洛沃城，他的父亲是个手艺人，不幸早逝，留下多口之家，生活十分艰难。列夫斯基只上了两年中学就当了修士，后来成了教会中的一名执事。在保加利亚民族解放运动高涨的1867年，30岁的列夫斯基脱下教袍，到贝尔格莱德参加了革命民主潮流的代表人物格·拉科夫斯基的志愿军团，投入革命斗争的洪流，力争把灾难深重的祖国从奥斯曼帝国的奴役下解放出来。

1867 年年底，列夫斯基受保加利亚秘密中央委员会的派遣，回国从事革命活动。作为一个天才的思想家，他通过考察，确信要解放保加利亚，必须组织武装斗争。为此，他足迹遍于全国，到处宣传革命思想，进行军事训练，从而成为保加利亚民族解放运动的一名领袖，并被后人称为“自由的使徒”。

“使徒”有句名言：“如果我获胜，获胜的是全体人民；如果我牺牲，牺牲的只是我自己。”1871 年，他到索非亚建立革命委员会，并化名隐居下来，走街串巷，深入农村，了解敌情。次年年末，由于叛徒出卖，列夫斯基在保加利亚北部一个小酒店被包围了。交火不久，他受伤被捕。

1873 年 1 月 5 日，50 多名土耳其骑兵冒着凛冽的寒风，把列夫斯基押到索非亚。2 月 18 日深夜和 19 日凌晨，天色灰蒙，风雪交加，在索非亚东郊的一片荒野上，几个受土耳其当局雇用的吉卜赛人，在列夫斯基的脖子上套上绞索，把他吊了起来。

在奥斯曼帝国的统治已经结束的 1891—1895 年，索非亚市民自动捐款，按捷克建筑师阿·科拉尔的设计，在这位民族英雄殉难的地方，为他修建了一座纪念碑。人们本想在纪念碑下掩埋列夫斯基的遗骨，但没有找到。据说，在列夫斯基被处以绞刑的当天晚上，索非亚市民从雪地上运走了他的遗体，草草埋葬了，至今仍未找到他安息的地方。

国民议会大厦

坐落在索非亚市区国民议会广场北侧的国民议会大厦，素有“保加利亚现代史上最重要的纪念碑”之称。从它启用的第一天起，全国的政治、经济和文化事件，就在这里引起强烈反响。

这座大厦是分 3 个阶段建成的。1884 年，由维也纳建筑师康·约诺维奇设计的大厦主体最先竣工。1890 年，主体内的大厅、办公室、档案室等建造和装修完毕。1928 年，主体的北面增加了配套工程，从而使大厦的南北两面都有了入口。南面的入口前，对着广场是宽宽的石阶，石阶的两边共有 5 株绿叶茂密的橡树。入口的上方写着“联合就是力量”。国民议会大厦最重要的部分是会议厅，它呈椭圆形，里面有400个代表席位，以及供外交使节、新闻记者旁听的包厢。

国民议会大厦

涅夫斯基教堂

涅夫斯基教堂

亚·涅夫斯基教堂坐落在索非亚市区内因它而得名的一个广场中央，这个广场长约260米，宽约220米，四周是茂密的菩提树和灌木丛。教堂作为巴尔干宗教建筑艺术的最高峰，是今天索非亚市地标性建筑。

这个教堂是为纪念俄土战争建造的，亚·涅夫斯基是沙皇亚历山大二世的庇护人、莫斯科的公爵，他曾在涅瓦河上率军击败瑞典人。教堂的设计者是俄国建筑师波密采夫，它的奠基仪式于1882年2月19日举行。当时，人们按照风俗，在一个大金属盒里放上金币，并写上政府部长们的名字，然后埋入地下。1904年，教堂的工程正式开始，工期长达9年，耗资600万金法郎。

建成后的教堂呈“十”字形，占地2600平方米，长76米，宽55米，高52米，可容纳7000多人。由于它把东西方建筑艺术结合在一起，因此，从侧面看，它像一艘三层的航船，从后面看，却又像一座四层的亚洲庙宇。教堂的墙壁采用保加利亚花岗石，而地面铺着意大利各色大理石。

教堂正门入口处的上方是带十字架的钟楼，而大门上嵌有涅夫斯基像。教堂内有大小3个祭坛，个个金碧辉煌：主祭坛是献给涅夫斯基的，其中的圣幛用彩色花岗石雕成，上面装饰着许多图案。据说这个祭坛里的圣母像和耶稣像十分珍贵，以致若干年后，它们抵得上整个建筑物的价值。

教堂的顶部安装了12口钟，最大的直径3米，重1.2万千克，其响声25千米外可闻。教堂的两个金顶贴了金箔，夜晚在探照灯的照射下，蔚为壮观。

文学之父伐佐夫

在索非亚拉科夫斯基街和伐佐夫街交叉处的南口，有一幢老式的两层楼房，楼房临街的墙上嵌着一个半身雕像，像下写着几行文字：“人民诗人伊凡·伐佐夫曾在这幢房子里生活、工作，并在这里逝世。1893—1921。”

这幢房子修建于1893年，其中有伐佐夫的卧室、书房和餐室。书房的正面墙壁上挂着大幅油画、挂钟，还摆着一个很大的书架。平时写作时，伐佐夫背着墙壁坐。他的写字台上没有大堆的书籍，只摆着一瓶鲜花、一个墨水壶和几支鹅毛笔。

在保加利亚近代文学的天穹上，伐佐夫至今仍是一颗最灿烂的明星。他在半个世纪的创作过程中，涉猎了文学的所有领域。1921年，鲁迅翻译了伐佐夫的小说《战争中的威尔珂》，后来又译了《村妇》，并分别作有后记，称他“不但是革命的文人，也是旧文学的轨道破坏者，也是体裁家”。此后，伐佐夫的长篇小说《轭下》和其他作品，更大量地被译成中文。

伐佐夫于1850年诞生在保加利亚中部索波特的一个商人家庭，这座小城地处誉满全球的“玫瑰谷”，浓郁的玫瑰花香触发了他写诗的灵感。1870年，他父亲把他送到罗马尼亚，要他跟随舅舅学习经商，但他矢志献身文学，执意继续写作。其时，保加利亚民族解放运动空前高涨，伐佐夫在布勒伊拉结识了流亡在那里的保加利亚爱国志士，在他们的影响下参加了反对奥斯曼帝国的斗争。1876年，他出版了反映保加利亚民族觉醒的第一本诗集《旗与琴》，其后又创作了著名的诗集《保加利亚的悲哀》《被遗忘者的史诗》和中篇小说《流亡者》等，从而引人注目地跻身文坛。

奥斯曼帝国的统治结束后，保加利亚资产阶级粉墨登场，伐佐夫大为失望。1887年，他在反动派的高压下，被迫流亡俄国，在那里重温了保加利亚人民准备和发动1876年“四月起义”的悲壮历程，在文学史上独辟蹊径，写出了保加利亚的第一部长篇小说《轭下》，讴歌了人民群众的解放斗争，为世界文学宝库作出了重要贡献。迄今为止，这部小说已被译成40多种文字，在国外出版了90多次。

1889年，伐佐夫到了索非亚。从此，他又以他犀利的笔触，写出了大量暴露文学的杰作，鞭挞了资产阶级的贪婪和野心。他创作的长篇小说《新的土地》以及8本短篇小说集和剧本、诗歌等，同先前的作品合在一起，构成了一部保加利亚近代史。因此，后人称他是“保加利亚文学之父”。

曾有人书面询问伐佐夫：“您愿在哪国生活？”他毫不踌躇地挥笔写道：“保加利亚！保加利亚！”诗人热爱备受欺凌、饱经忧患的祖国，一再劝导新一代诗人“要做保加利亚人，做本国人民的儿子”。他尤其爱恋祖国的大自然，直到晚年还常常拄着拐杖登上索非亚郊外的维托沙山，坐在“金桥”的一块大青石上，欣赏周围美丽的景色。在他1921年9月逝世后，人们遵照他的遗嘱，用这块青石作了他的墓碑。

伐佐夫墓

伐佐夫墓坐落在圣索非亚教堂的后面，其碑面对维托沙山。人们让他在这里安息，是对他的奖赏，因为这里原本是不准安葬任何人的。及至1956年11月21日，人们又在圣索非亚教堂前100多米的地方，为他树起了一尊雕像。他端坐着，抬着头，两手自然地放在双膝，左手还捏着一本书，似乎正在冥思苦想。

文化街上的剧院

索非亚市区有一条南北走向的街道，正式名称叫拉科夫斯基街，而市民习惯称它为“文化街”。由于历史的原因，这里不但集中了保加利亚许多著名的作家的故居和文化机关，而且还集中了索非亚几乎一半的剧院。

从北往南走，街道左边的高大建筑物，便是国家歌剧院。这个剧院于 1950 年建成，共有 1300 个座位。越过一个高地，穿过沙皇解放者大街，左边是保加利亚画家协会的展览厅，紧挨着展览厅的是“哭与笑剧院”和“一九九剧院”。后者规模不大，总共 199 个座位，因此得名。再往南是伐佐夫的故居博物馆，而在博物馆西边不远的地方，又有以他的名字命名的全国第一流的人民剧院。

伊凡·伐佐夫人民剧院矗立在花木繁茂的市立公园旁边，它最初建于 1904 年，是由曾经参与设计维也纳、布拉格等城市的奥地利建筑师黑尔梅尔和费尔纳尔设计的。1923 年，剧院遭受火灾，1929 年又重新修复。剧院的正面采用了 19 世纪末欧洲甚为流行的罗马建筑样式，即 6 根爱奥尼柱撑着一面巨大的山墙，墙上是塑造细腻、栩栩如生的神话故事里的人物形象。山墙两边立着两座宝塔，塔上装饰着美丽的女神之像。

在人民剧院最初上演的剧目中，名列前茅的是伐佐夫的作品，他的《流亡者》《走向深渊》等，开辟了保加利亚历史剧的新时代。人民剧院也曾把许多世界名剧搬上舞台，莎士比亚、莫里哀、契诃夫和高尔基，是索非亚观众最熟悉的外国作家。

演员帕斯卡列娃正在表演美国独幕剧《流浪者》

从人民剧院返回伐佐夫博物馆，可以看

见对面有一个小花园，花园旁边又有中央木偶剧院、文化活动家俱乐部和附属于萨拉福夫高等戏剧学院的实验剧院。在实验剧院的南面，穿过一条街，著名的保加利亚国立讽刺剧院的广告便映入眼帘。这个剧院成立于1957年，座池呈半圆形，共有620个座位，每个座位上都扬起过索非亚居民的笑声。它的风格同人民剧院迥然不同，常常以针砭痼疾的剧目使人深省。

葡萄酒与烤南瓜

一个民族的饮食习惯具有很大的稳定性。100年前，当索非亚周围的“绍普”（农民）拥进城里时，很快就脱下了自己的绣花衣服“斯维列尼克”，但他们带进城里的“绍普沙拉”和其他菜肴，却一直声誉不衰。

索非亚人的午餐通常从一盘汤开始，接着是一杯开胃酒。至于下酒菜，最受欢迎的就是那个“绍普沙拉”。这种凉菜是在西红柿和黄瓜丁上浇上橄榄油和醋，再覆以奶酪丝，摆上一个完整的青辣椒。它制作简单，清爽可口。

开胃酒落肚以后，餐厅服务员送来的也许是一陶罐“丘维奇”。这种正菜用肉和蔬菜在陶罐里焖成，既烂又鲜。在比较讲究的餐厅里，服务员上这道菜时，还在盛陶罐的瓷盘里倒上酒精，点上火，以酒精的蓝色火焰刺激顾客的味蕾。

正菜上桌后，服务员会马上取走烈性酒杯，换上更大的葡萄酒杯。按照习惯，索非亚人这时只喝葡萄酒。

作为一个盛产葡萄的国家，保加利亚酿造葡萄酒已有悠久的

街头南瓜摊

历史。早在公元前2000年的色雷斯时期，人们便把葡萄酒当成自己生活的一部分。考古发掘证明，色雷斯人主要有三项活动：打仗、喝酒、聚财。公元9世纪初，国王克鲁姆曾颁布命令，限制种植酿酒葡萄，禁止酗酒，但在克鲁姆之后，葡萄种植业又迅速发展起来，具有滋补强身、提神醒脑作用的葡萄佳酿又成了人们嗜好的一种饮料。以致到了今天，在保加利亚语汇中，“面包和葡萄酒”仍然是食物和饮料的代名词。

保加利亚葡萄酒分红、白两类，有100多个品种。当服务员说出一长串酒名时，初来的顾客往往会不知所措。但是索非亚人各有所好，挑选起来毫不费劲。当然，索非亚一般市民不会天天都上餐厅，他们保持着“农民国家”的传统，喜欢下班回家后自己动手做饭烧菜，从中寻找乐趣。他们会做出既经济又可口的白豆汤、巴尼查（一种夹有奶酪的多层饼）等家常食品。同时，相当一部分索非亚人仍对本国又大又甜的南瓜怀着特殊的感情，沿袭着先人冬贮南瓜的习惯。每到秋天，他们从市场上买来几十公斤南瓜，堆进储藏室，以备随时食用。他们把南瓜去皮切块后，放进烤箱烤熟，再撒上白糖和果仁，就成了自用或迎宾的食品。不愿贮存南瓜者，当然也可以上街品尝这种传统食品。在深秋和初冬的索非亚街头，出售烤南瓜的小摊并不鲜见。有的人穿着入时的服装，在熙熙攘攘的人群中捧着一大块带皮的烤南瓜，边走边啃，似乎又回到了“绍普”时代。

“三月花”

3 月 1 日是保加利亚民间传统的“白色和红色之节”。节前十多天，索非亚人就纷纷用红、白两种丝线编织出各种花卉、鸟虫和小人，把它们作为节日的主要标志。这种物品名曰“三月花”或“三月结”。节日那天，几乎人人胸前都戴着“三月花”，他们相互赠送，相互祝福。

“三月花”源于何故、始于何时，众说纷纭。有人说它同 7 世纪保加利亚王国的奠基者阿斯帕鲁赫有关，但更多的人则认为它出现在 9 世纪克鲁姆大公时期。关于后者，民间还流传着一个故事。相传，克鲁姆熟知韬略，英勇善战，但毕竟由于戎马倥偬，剑不离手，在同拜占庭帝国的抗争中，时时有葬身边陲的危险。在一个 3 月的夜晚，远离他的妹妹做了一场噩梦，醒后一身冷汗，便修书一封，要他千万保重。她用白色丝线把书信缠在燕子腿上，请它代劳。不料这只燕子途中

悬挂在墙上的三月花

受伤，鲜血把丝线的一段染成红色。克鲁姆接到燕子送来的书信，极为感动，就把书信同丝线一起，像护身符一样带在身上，终于身经百战，安然无恙。从此，“三月花”流传开来。

在索非亚郊区的农村，“三月花”是为迎接“三月奶奶”下凡而制作的。据说“三月奶奶”既易发怒，又易安抚，因此，在寒冬已去、春天来临的 3 月 1 日，人们一大早就得把红毛线缠上树枝，再把树枝插上房檐，让春风吹拂，阳光照射，使“三月奶奶”变得性情温和。另一个传说，则把“三月奶奶”描绘成人间颇有人情味的助产婆，她把红毛线系在婴儿身上，愿他健康成长；把白毛线系在母亲身上，愿她健康长寿。

按照风俗，要到象征春天的第一只燕子飞来，人们才从身上取下“三月花”，把它挂在树上，终年不摘。另一种做法是，鹳鸟一来即取下，压于石底，待燕子来时，再搬开石头，看下面藏着什么：蚯蚓象征运气好，蚂蚁象征六畜旺，而这两种东西对姑娘来说，都象征着甜蜜的爱情或美满的婚姻。

对“三月花”的两种颜色，民间还有许多解释。白色表示纯洁，红色表示健康；白色代表冬天，红色代表春天；白色预兆女孩，红色预兆男孩，等等。尽管种种解释相去甚远，但基本意思不变，这就是索非亚人互赠“三月花”时说得最多的一句话：“祝您健康！”

文字节游行

索非亚每年 5 月 24 日都要举行盛大的群众游行，庆祝教育、文化和斯拉夫文字节（简称“文字节”）。这一天，市民们在灿

文字节游行

烂的阳光下，有的抬着保加利亚历代文化名人的画像，有的挥动花束和彩旗，在管弦乐队的伴奏下，兴高采烈地走过市中心，到基里尔和梅托迪人民图书馆前举行庆祝活动。

文字节原名基里尔和梅托迪节，索非亚最早庆祝这一节日是在 1881 年。当时，全市有名的教师和其他文化人士聚集一堂，饮酒联欢，畅谈基里尔和梅托迪兄弟创造斯拉夫文字的不朽功绩。到了 20 世纪初，文字节成了保加利亚最大的民间节日。先是在旧历 5 月 11 日庆祝，后来改在公历 5 月 24 日。

节前几天，索非亚教师就成群结队地到庭院、公园和市郊的野地里采撷鲜花，带回学校，然后唱着歌扎出一个个花环。最大最美的花环挂在校门上，其余的分挂在各个教室里。

节日那天，索非亚的教师和文化界人士倾城而出，举行激动人心的“阳光游行”。游行队伍的前面，是基里尔和梅托迪的镀金像，接着是一个巨型玫瑰花环，上面挂满五光十色的珠宝。在玫瑰花环的后面，合唱队高唱赞颂两兄弟的歌曲：

前进，复兴的人民，
朝着光明的未来前进！
靠文化这新的力量，
去争取更大的荣光！

向前！科学就是太阳，
照耀在我们身上！
向前！在有知识的地方，
民族就不会消亡！……

步伐整齐的学生队伍，紧跟在合唱队之后，每列队伍前面都有学校的乐队或鼓队。教师和其他人士的队伍在学生队伍的两侧，其中男的头戴黑色礼帽，身着大领西服，手里握着雨伞，而女的戴着白手套，礼帽上插着羽毛和鲜花。走在队伍最后的，是一名白发苍苍的长者，他胸佩奖章，肩挎红十字大包，神采奕奕，步履稳健。

文字节的庆祝活动延续至今，花样不断翻新。

圣诞节与复活节

索非亚人每年12月底都要装饰五色闪耀的圣诞树，纪念基督耶稣的诞辰。不过，这种象征永生的枞树，是100多年前才从俄国、法国等地传入的。索非亚人先前只按自己的习俗庆祝圣诞节，同时欢度新年。

节前的星期五，家家户户都要购买干鲜果品——无花果、核桃、榛子、葡萄干、苹果、梨、橘子、柠檬等。橘子、柠檬用于赠送长辈，而干果用于制作水果甜羹。

圣诞节前夜的晚餐，有严格的仪式。先在餐桌上摆上素食、奥沙法和鲜果，然后在桌子中央放好插有蜡烛的圆面包。此时全家站立在餐桌旁，由母亲朝着东、南、西、北4个方向摇动手提香炉，使香烟布满四方，再由父亲或长子念诵祈祷文，而其余人则在胸前画“十”字。待所有人坐定，父母便把圆面包掰成几块，每人一块。如有家人无法回家团圆，就给他留下一份。分好的面包中只夹有一枚硬币，谁的那份里有这硬币，谁就最有福气。也有的母亲将写有各种愿望的小条包进面包，祝福孩子们。这顿晚餐先吃素菜，后吃奥沙法和水果，被称为“小圣诞节”。

次日，“大圣诞节”的午餐也是先用素食，然后才能用荤食。荤食以猪肉为主，但也少不了麻雀肉。据说，圣诞节吃了麻雀肉，能百事如意。

“大圣诞节”的主要活动是迎接圣诞歌手，这些歌手成群结队，走街串户，到处向人们祝福。

索非亚人的另一个宗教节日是复活节，这个节日比圣诞节庆祝的时间要长，但它也同圣诞节一样，不光被教徒们看成表示虔诚的机会，而且也被不信教者，包括儿童，当成热闹一番的时机。

预备复活节晚餐

东正教徒每年有 4 次斋戒，其中以复活节前的斋期最长——最初为 55 天，后来减少为 40 天。最后一个荤日一般在礼拜天，这一天晚餐时，全家要在餐桌旁站定，由小辈向父母“赔罪”[①]，然后从父亲开始，挨个共饮一瓶白酒。

晚餐的食品以水果、巴克拉瓦和哈尔瓦为主[②]。进餐前，大家把一根长线系在餐桌上方的天花板上，在长线的另一端拴上一块哈尔瓦，然后使哈尔瓦绕着圆周旋转。哈尔瓦转到谁的面前，就由谁张嘴去咬。由于不准用手，这哈尔瓦要转动多次，才能被彻底“消灭”。

索非亚人庆祝复活节的主要准备工作，是烤制大甜面包“科茹纳克”和染蛋。这项工作一般在复活节前的星期四进行。“科茹纳克”用白面和鸡蛋制作，是一年中家庭主妇比试手艺的物品之一。节日的色蛋最初只有红色，现在还有绿色、蓝色和黄色。

① “赔罪”：吻吻父母的手并连说三遍：“宽恕我，爸爸，宽恕我，妈妈。”
② 巴克拉瓦和哈尔瓦均为甜食。

有人嫌一种颜色单调，干脆用画笔在蛋壳上绘出五彩的图案和花草，摆在盘里，作为酒柜中的一种装饰品。据说，鸡蛋象征生命的开始，染蛋和吃蛋是为了庆贺基督耶稣从坟墓中复活。

在星期六的半夜，耶稣首次复活的时刻，索非亚的许多教堂内，特别是亚·涅夫斯基教堂内，蜡烛通明，圣歌回荡，人们拥挤得难寻立锥之地。当主教宣布耶稣复活时，人们相互拥抱，表示祝福。

这天夜里，人们回到家里，要举行所谓“圣餐”仪式。全家围坐在餐桌旁，分享“科茹纳克”，并各持色蛋，相互撞击，然后吃掉。“圣餐”的饮料通常为原汁红葡萄酒。

次日为正式的复活节。索非亚的教堂要为耶稣的第二次复活举行同样隆重的仪式，人们的餐桌上除了“科茹纳克”、色蛋和葡萄酒外，还有烤鹅或烤鸡。

复活节这天，人们多穿新装，这同先前人们要到教堂接受洗礼有关。孩子们的衣服都有较大的口袋，用以收受左邻右舍按习惯送给他们的色蛋。

婚　俗

索非亚人的婚礼实际是从订婚开始的。在过去，订婚仪式非常隆重。订婚那天晚上，女方的亲戚朋友都被邀请出席，先由神父祈祷，再行正式仪式。仪式的第一项是未婚妻向亲戚朋友赠送礼品，而亲戚朋友回赠银钱。接着，未婚夫当着众人，把订婚戒指戴在未婚妻的左手手指上，同时还赠予耳环、手镯、胸饰、手表等。未婚妻也把订婚戒指戴在未婚夫的左手手指上。结婚后，双方才把戒指换到右手。

举行婚礼那天，一大早，男方的媒人先去接男证婚人，然后，男证婚人、新郎、媒人和众多亲友便浩浩荡荡地去接新娘。所有的人都身着新衣，姑娘们更是花枝招展。一路上，民乐队奏出欢乐的乐曲，人们热烈地跳起圆圈舞。

新娘家备有迎宾酒和酸黄瓜、香肠、奶酪等下酒菜，主人兴高采烈地擎起酒瓶，让客人对着瓶嘴一人喝上一口。喝酒时，一群人在紧闭的新娘房门前唱起了民歌：

浓雾降大院，
新娘哟，别躲藏，快露面……

这是婚礼中的叩门仪式，即众人簇拥着新郎的亲兄弟或表兄弟去扣闺门。于是，闺门里又有人唱道：

停一停，兄弟们，慢敲门，
姑娘到底值几银？……

对唱中，叩门者趁机将一双新鞋从门缝里塞进去。接着，闺门洞开，门边出现了由女证婚人（一般为男证婚人之妻）搀扶着的早已梳妆打扮好的新娘。一名妇女提来水罐，在新娘脚下洒点水，新娘便在乐队的带领下，前往教堂。路上，男证婚人挽着新

当代婚礼

娘的胳膊，女傧相拉着她曳地的长裙，衣冠楚楚的新郎则跟在后面。在未领取结婚证之前，新郎只得屈当配角。

到了教堂，新郎、新娘先绕着一张大桌转圈，而人们则把小麦、糖果、鲜花往他们头上抛撒，祝新家庭多子多福。然后，神父宣读经文并发给证书。

出了教堂，新郎新娘便挽臂前往男方家。家门口铺着手织的线毯——愿新娘日后勤快。还有人端来一盘蜂蜜，由新娘用手蘸着，从上到下在门上搽抹三遍——愿婚后生活比蜜还甜。进门时，人们往新郎新娘鼻上浇水——愿两口子百事称心。进门后，新娘又得亲吻人们抱来的一个男孩——这意思不言而喻。

接下去是几个小时的酒宴。新娘由证婚人陪同，从坐有长辈的主宾席开始，挨桌向人们道谢。每到一人面前，她便接过对方的手，亲吻一下，并送上小礼品。对方当然也要回赠礼品——一般为用品，也有送钱的。

新娘到男家时，嫁妆是必不可少的。一个姑娘早在婚前多年，还不知配偶是谁的时候，就得悄悄描画绣花，准备好结婚时用的头巾、鞋袜、衣衫等。这方面的任何忽视，都会成为人们长时间的笑料。

今天，索非亚人的日常生活发生了巨大变化，可就是订婚、结婚的烦琐礼仪，仍被人们不同程度地沿袭着，只是把一些仪式现代化了。

先前来去教堂是步行或坐马车，如今最时髦的做法是坐小汽车。一溜儿小汽车从街上驶过，每辆汽车的收音机天线上都飘着一块手帕。打头的车上坐着新郎新娘，车的前盖上放着用透明胶带固定着的、摆成月牙形的玫瑰花或石竹花。

先前是在新郎家置备喜酒，如今最时髦的做法是去餐厅大摆筵席。席间青年们少不了起哄，一遍遍地齐声呼喊："苦啊！苦啊！苦啊！"按照多年的规矩，人们叫一遍苦，新郎新娘就得来一次甜甜的亲吻。

随后在餐厅广场上，新郎新娘少不了同彩车合影留念。双方都穿着婚礼服，手捧鲜花。新娘身穿雪白的连衣裙，头顶雪白的扎花纱巾，一双手套也是雪白的。据说，新娘全身雪白，象征着白璧无瑕。

索非亚市博物馆，前身是索非亚中心浴池（保加利亚外交部供稿）

“天赐圣水”

有利健康的矿泉，自古以来就在索非亚市中心突突喷涌。或者确切地说，索非亚最早的居民色雷斯人，正是围绕着丰富的矿泉安家落户。色雷斯人相信，地下的热水具有无比的神力。直到现在，索非亚市中心的矿泉，仍被人们称为“天赐圣水”。

到了罗马统治时期，“天赐圣水”更被居民广泛利用。罗马人认为，泉水的疗效在于它的高温，因此他们在市中心温度最高的泉眼处，修建了宏大的引水系统和许多大理石浴池。后来，这些浴池坏了重修，修了又坏，一代代延续下来，规模越来越大。

1881 年，人们修复了浴池的两个侧翼，分别开设了男部和女部。1913 年，浴池得到总体改造，成为今天的索非亚中心浴池。后来，随着城市的现代化和家庭不间断热水的供应，公共洗浴业衰落，市中心的索非亚中心浴池如今已经改造成为索非亚市博物馆。

当年的索非亚中心浴池占地 3445 平方米，分为中央部分和两个侧翼。建筑物的外表饰有彩色陶板，而建筑物的前面有一个漂亮的小花园。在当时，矿泉的流量达每分钟 1100 升，水温为 46℃，水中含有各种矿物质，还散发出硫化氢的气味，可用于治疗多种疾病。

但是，医药神阿波罗在索非亚大显身手的地方，并非市中心的矿泉浴池，而是离市中心 17 千米的班卡镇。班卡在索非亚的西北方向，风景优美，气候宜人，是驰名保加利亚国内外的矿泉疗养地。

在奥斯曼帝国统治时期，班卡是土耳其贵族的一个庄园，这里的矿泉只被用来推动水磨。奥斯曼帝国的统治结束后，班卡成了第一流的休养区。1950 年，这里有了一个矿泉游泳池，后来又陆续建成了 50 多个疗养所和休养站。连同私人住房在内，每年可接待 16 万人次。

班卡矿泉疗养地

班卡矿泉的水温为 37℃，这里的矿泉对治疗神经系统、呼吸系统和消化系统的疾病特别有效。到班卡接受矿泉疗法的患者，可在两个浴池得到服务。旧浴池是个两层的白色建筑物，其中备有盆塘、淋浴室和其他水疗设施。新浴池在镇子中心宽阔的森林公园中，其设施据称完全符合现代化水疗的各种要求。浴池前面的长方形花坛里，有一座女神的石雕像，她右手托碗，左手执蛇，表示这里的矿泉具有民间崇拜的蛇毒那样的疗效。

索非亚一带共有20多处著名的矿泉，其中一些矿泉产生较晚。1858年9月18日索非亚发生过一次大地震，当时，在城市西南郊的草地里放羊的牧民愕然看到，随着一声轰鸣，大地裂开，一根50多米高的水柱夹着泥沙直插天际。地震过后，这里的泉水喷流不息，给牧民们带来了很大的方便。据传，有一次，一个牧民的羊群全部得病，但它们在饮了这里的泉水后，又一只只康复了。于是，牧民奔走相告，并把这里的泉眼称为“羊之浴池”。

还有一个传说称，很久以前，孱弱多病的拜占庭公主在索非亚的维托沙山下找到了仙草和圣水，终于治好了疾病。维托沙山下确有闻名于世的矿泉，其泉眼所在的地方叫做“戈尔纳巴尼亚”。在保加利亚文中，“戈尔纳”意为上下的“上”，而“巴尼亚”意为“浴池”。

迷人的维托沙山

到过索非亚的德国旅行家费·霍赫申特尔100年前曾经发出感叹：“维托沙山之于索非亚，近乎维苏威山之于那不勒斯。”

维托沙山确实是索非亚天然的装饰品，它同城市的距离是如此之短，以致使人觉得，它是从城市中拔地而起。保加利亚伟大诗人伊·伐佐夫曾写过这样的诗句：

透过朝南的窗口，
我每日向外凝望，
总见雄伟的维托沙山，
穿着绿色或紫色衣裳。

维托沙山最初名叫“斯科姆布罗斯”，也曾叫“斯科米奥斯”或“斯科皮乌斯”，这些都是异族统治者取的名字，而当地居民则以“斯科佩尔”称呼，意即陡峭高耸之山。直到 13 世纪，“维托沙”才开始出现。据考证，“维托沙”意为双峰。实际上，在维托沙山长 20 千米、宽 18 千米的山体中，确有一座维兹纽维双崖峰在层峦叠嶂中刺破青天，从索非亚可以看得异常分明。但是，维托沙山的最高峰却是被维兹纽维双崖峰挡住的“黑峰”，它海拔 2290 米。

最早，维托沙山并不在索非亚旁边。城市和山脚之间隔着农田和牧场，坎坷不平的泥路晴天扬风尘，雨天变泥泞。不知有多

维托沙山 1（赵雪林 摄）

维托沙山 2

少次，那些受春色蒙骗的索非亚人雄心勃勃地要去登山，结果靴鞋陷进泽地，败兴而归。

只是到了1895年，醉心于祖国大自然的300多名索非亚人，才在不畏艰险的社会活动家和作家阿列科·康斯坦丁诺夫的率领下，披荆斩棘，登上“黑峰”，在那里举行了保加利亚旅游俱乐部成立大会。大会一致选举作家伊凡·伐佐夫为俱乐部主任，阿列科·康斯坦丁诺夫为书记，从而开始了保加利亚有组织的旅游。

维托沙山的植被极其丰富，现已查明并得到研究的植物有1500多种，其中有些是稀有珍贵的品种，如维托沙山郁金香、多斑龙胆草、曼陀罗花等。同时，山上也有种类繁多的动物，仅水生无脊椎动物就有120多种，蝴蝶有480多种，鸟类110多种，鱼类15种，爬行动物10种。哺乳动物中最多的是松鼠、伶鼬、刺猬、狐狸、獾、羚羊等。狼、熊和野猪也偶尔可见。

1934年，维托沙山成为“人民公园”。每逢节假日，维托沙山接待的游客可达10万人。

索非亚人游览维托沙山，多半愿去“金桥”摄取新鲜空气、日光和维生素。“金桥”，名字动听，景色也美。在这里，大自然显示了它神奇的力量：无数巨大浑圆的岩石，相互紧紧依偎，从山顶直泻山腰。这些巨石裹着一层淡绿色的苔藓，在阳光下一片金黄，人们就把它取名为“金桥”。游人小心翼翼地从一个巨石爬上另一个巨石，此时只闻潺潺声，不见流水貌，恰似过金桥。

在“金桥”旁边，保加利亚巴尔干旅行社等开设了几家别有风味的餐厅，附近还有出售饮料、水果、糕点和烤肉的商亭。游

“金桥”

人在这里玩够了，可以乘车或步行到四周其他旅游点。往上是名为“库马”的旅游营地，往下是名为“马蹄”的天然胜景。

“库马”是索非亚过去一位年轻旅游者的名字，他身材高大，精力过人，素有“山羊”和“雄鹰”之称。他爬遍了维托沙山的坡坡岭岭，但后来在攀登阿尔卑斯山时葬身谷底。

“马蹄”是一个山崖的名字，它在高不可攀的峭壁之上，腾空而起，形如马蹄，巍峨壮观。阴天站在“马蹄”上，眼前是茫茫云海；晴天站在“马蹄”上，索非亚市一览无余。

当然，对于身强力壮的旅游者来说，最好是上“黑峰”一睹高天风云。在这里，嶙峋的乱石成年累月搏击乌云，砭骨的寒风每日每时疯狂咆哮，确能磨炼人的意志。

在“黑峰”之下海拔1800米处，是有名的“阿列科”综合营地，四周被参差不齐的石峰包围着。早在1923年，这里就建起一座旅游营房，现在，营房已增至3座，还有电缆车站、救护站等。夏天，松枝苍翠；冬天，这里又是银砌玉琢的世界。有几个大大小小的雪坡，是索非亚学龄前儿童和小学生们冬天里初学滑雪的地方，几条初级滑道基本上能够满足初级滑雪爱好者的需要。

九、主要城镇

普罗夫迪夫

普罗夫迪夫是保加利亚第二大城市。它位于马里查河上游，坐落在保加利亚中南部平坦和盛产蔬菜、水果、粮食的上色雷斯低地上，历史悠久，交通方便，是保加利亚的文化、经济和旅游中心之一。现有人口 34.7 万。

传说古代美女罗多彼常到马里查河边游玩，欣赏自己在河中的倩影，后被海神劫去，生下一子，名叫埃夫莫尔普。嗣后，海神将她抛弃，并带走了孩子。大力神希木斯对此愤愤不平，向海神投掷巨石，这些巨石落到马里查河岸，变成了 7 个山丘。后来海神使用魔法，又将大力神变为石头，罗多彼也芳踪杳然，只有埃夫莫尔普逃出魔掌，在马里查河边定居，创建新城，遂名“埃夫莫尔皮阿达”。后数次更名，最终被斯拉夫人称为“普罗夫迪夫”。

史载，早在公元前 4 世纪，色雷斯人就把 7 个山丘中的 3 个丘岗用围墙加固连接在一起，形成一个村镇。罗马统治时期，它已发展成为一座繁华的城市，称为“特里蒙齐乌姆”，意思是“三丘城”。19 世纪，普罗夫迪夫成为保加利亚的政治、文化和经济中心，众多名人志士曾在这里生活和工作，至今仍能找到他们的故居博物馆。

除许多工厂和农业企业外，普罗夫迪夫拥有著名的理工、农业、医学、师范等高等院校，还有博物馆、图书馆、剧院、歌剧院和其他文化机构。市中心的古城区街道狭窄，石头铺路，古民居鳞次栉比，整个街区现已被称为古建筑博物馆。在始建于公元 2 世纪的古罗马半圆形剧场内，珍贵的大理石雕像紧贴在大圆柱

古罗马半圆形剧场

旁，至今保存完好，蔚为壮观。1832年修建的“圣·康士坦丁和埃列娜”教堂以木雕木刻著称，而1844年修建的“圣母”教堂则以精致逼真的圣像画闻名。

普罗夫迪夫国际博览会于1892年举办第一届以来，总是商贾云集，经久不衰。

普罗夫迪夫还是国际文化交流最活跃的城市之一。这里每年6月都要举办国际室内音乐会演，5月底至6月初有古罗马半圆形剧场歌舞节，6月底有威尔第歌剧比赛，8月初有国际民俗表演，9月则有国际木偶戏会演。

瓦尔纳

黑海海滨城市瓦尔纳，位于保加利亚东北部瓦尔纳湾北岸。它最初是色雷斯人的一个渔村。公元前6世纪，希腊人来此定居，起名“奥德索斯”。6世纪后半叶，斯拉夫人从北部大批涌入，改名为“瓦尔纳”。这两个名字的词根都同“水”有关，因而有水边村镇之意。随后，该地成了西罗马人和拜占庭人的要塞，并逐步发展成为一个商业中心。

在1391年后被奥斯曼土耳其人占领的年代里，瓦尔纳的手工业和商业继续保持繁荣，俄国、奥匈帝国、英国等西欧国家在这里设立了商贸办事处和领事馆，瓦尔纳成了连接中欧和伊斯坦布尔的重要通道。

1944年以后，瓦尔纳的造船业、机械制造业、食品加工业和化学工业比较发达。该市一度被称为“斯大林城”，1956年又恢复旧名。

现在，瓦尔纳是保加利亚第三大城市，人口约为33.7万。市区沿黑海海岸伸展，街道整齐，铺青叠翠。城郊布满果园和阔叶林。

旅游胜地瓦尔纳

瓦尔纳既是一座现代化的城市，又是一座深受欢迎的旅游目的地。几十年来，在瓦尔纳东北方向港湾附近形成了整片的休养区和海滨浴场，占地1800公顷的“金沙滩”休假区就在这里。细软的沙滩、充足的阳光、平均27℃的海水，源源不断的矿泉水，加上漂亮的旅馆、休假站、酒店和风格各异的私人别墅，构成了一个童话般的世界。每年夏季，成百万的外国游客来到这里游泳、晒太阳，此时的瓦尔纳成为各种肤色旅游者的乐园。人们登上瓦尔纳大饭店的旋转观景台，鸟瞰市景和黑海，但见万顷碧波，点点白帆，群鸥翱翔，伞蔽沙滩，令人心旷神怡，流连忘返。

布尔加斯

布尔加斯位于保加利亚东南部、黑海西岸，距索非亚389千米，两市之间有高速公路相连。布尔加斯属亚热带湿润气候，但又受海洋性气候和大陆性气候的影响，冬季气温一般在零度以上，夏季暖和。布尔加斯月均降雨量45毫米，月均降雨天数为9天，月日照时数为184小时。

黑海滨小城索佐波尔（选自 L.Tsvetkov “多彩保加利亚”摄影展）

早在铁器时代，色雷斯人就在现今的布尔加斯附近建立了定居点。之后，布尔加斯成为拜占庭帝国的重要城市，该市靠海的优越地理位置使它成为重要的港口和贸易中心。到18世纪，布尔加斯港已经发展成为黑海沿岸最繁忙的港口之一。19世纪晚期，布尔加斯成为经济和工业重镇。期间，该市兴建了大量的公共设施，如图书馆、教堂、印刷厂和海洋花园，在铁路（直通普罗夫迪夫）和深水港分别于1890年和1903年开通之后，城市开始迅速实现工业化。如今，布尔加斯已成为现代化保加利亚的交通、贸易和旅游名城。

布尔加斯现有人口31万。它是保加利亚第二大港，全市最大的工业企业是炼油厂卢克石油保加利亚公司，该公司是巴尔干地区最大的炼油厂之一。

布尔加斯有漂亮的沙滩，且阳光充足。内塞伯尔古镇尤其令旅游者迷恋。布尔加斯也是保加利亚渔业和鱼类产品加工的重点城市。

大特尔诺沃

区府大特尔诺沃现有近7万居民。公元前，这里是色雷斯人和罗马人的要塞。12世纪末，它成为保加利亚第二王国的首都，即当时的政治、经济和文化中心。

该市建在扬特拉河两岸的坡地上，阶梯式的多层次房屋构成了一个易守难攻的大城堡。古城的核心部分坐落在查雷维茨山和特拉佩齐查山上——王宫和总主教教堂位居查雷维茨山山顶，王

大特尔诺沃王宫遗址

公贵族和教堂的高级神职人员则住在特拉佩齐查山。两个山冈连为一体，周围筑有坚固的城墙。“城中城”的三面是深达几十米的河谷，一面紧靠高山，只有一条长堤与市中心相连。

这座山城于1393年被奥斯曼土耳其人侵占，遭到洗劫和烧毁。该城居民在18—19世纪奋起反抗土耳其统治，使古都重新崛起。1877年大特尔诺沃从土耳其统治下获得解放后，保加利亚曾在这里召开立宪会议，1879年通过的保加利亚第一部宪法史称“特尔诺沃宪法”。

1965年，保加利亚政府成立全国性机构，斥巨资寻找、保护、修复这座历史文化名城，先后挖掘和修复了4800多平方米的保加利亚历代国王宫殿、古城墙、塔楼和圣佩特尔宫廷教堂，还在查雷维茨山冈的顶部修建了近3000平方米的大教堂，复原了一条商业街。20世纪70年代，考古工作者在山冈挖掘过程中，发现了卡洛扬国王（1197—1207）的墓地和他一枚重达61克的戒指金玺。

为了再现昔日王宫的情景，保加利亚旅游部门利用声、光、电等科技手段，构成一幅全景画，推出了“查雷维茨夜景”节目。入夜，宫廷音乐响起，各个景点星光璀璨，流光溢彩，使游人在如梦似幻的境界中领略王宫的辉煌和威严。

鲁　塞

位于保加利亚北部、多瑙河南岸的区府鲁塞市，现有人口16万。河对岸即是罗马尼亚。

罗马时代，这里驻有罗马军队，鲁塞被称为“60只船城”。中世纪，鲁塞是多瑙河下游兴旺的商业城镇，1864年成为奥斯曼帝国的多瑙河行政区首府。1866年修建了鲁塞至瓦尔纳的保加利亚第一条铁路。受奥匈帝国河运和商贸影响，鲁塞市内盖起了大量的欧式私人住宅和公共建筑——它曾因独特的建筑风格、石雕装饰与雕像而有“小维也纳”之美称。

鲁塞不仅是港口和商业中心，而且也是一座文化城。1866年，这里盖起了保加利亚最早的天文馆，开办了印刷所、书店和阅览室。1881年，第一所海员技术学校开学，同年创立了保加利亚第一家银行。1889年成立了第一个商会，两年后名为“保加利亚”的第一家保险公司挂牌。许多作家、建筑学家、艺术家都在这里留下了他们生活和工作的印迹。

鲁塞中心广场上的雄狮

鲁塞的名胜古迹和景点较多。全市有近200栋历史建筑物受到保护，其中最引人注目的有鹰雕老剧院（1902）、城市的象征“自由纪念碑”（1908）、用彩色玻璃装饰的天主教堂、海员之家、城市历史博物馆以及1954年建造的连接保加利亚和罗马尼亚的多瑙河“友谊”大桥。这里的国家交通运输博物馆陈列着保加利亚最古老的土耳其阿布杜尔·阿齐兹苏丹、斐迪南国王和鲍里斯三世国王等人乘坐过的车厢。当然，旅游者还可在鲁塞看到饱经风霜的列文塔比亚土耳其古堡——武器库（现为饮食城）、“三圣”教堂（17世纪）、“普利尼克”公园、鹰锤岩洞和“土耳其”大庄园。

加布罗沃

该市位于保加利亚中部、扬特拉河两岸。市区狭长，风景如画，是加布罗沃区的行政首府。传说，14世纪时该地有一棵古老的称为“加布尔”（千金榆）的大树，所以人们为该地取名“加布罗沃”。到了17世纪，这里成了巴尔干山区最著名的手工业和商业中心。19世纪已有26种手工业行业，其粗呢、制革、花边条带、

埃特尔木雕

陶土器皿、纺织品和铁制品等远销奥斯曼帝国各地。1882 年创办了保加利亚第一家纺织厂。1947 年有工厂 230 家，其中包括纺织厂、皮革厂、金属加工厂、木材加工厂以及一些手工业作坊。因此，它被称为“保加利亚的曼彻斯特”。

加布罗沃人以幽默和善于经营著称。在保加利亚，加布罗沃人是“节约狂”和“吝啬鬼”的代名词。社会上流传着许多关于他们过分守财的故事。

来到该市的旅游者，都会去两个地方参观。一个地方是全世界独一无二的幽默讽刺宫。它拥有 10 个展厅，展出面积达 8000 平方米，其中陈列着 150 多个国家的幽默大师的作品，包括中国漫画家的作品。博物馆外面的一个公园里摆放着各国参赛的雕塑品，件件作品滑稽可笑。每逢奇数年份的 5 月，这里都要举办国际幽默讽刺节。另一个地方是距市区 8 千米的“埃特尔”民俗村。这是一处露天民俗博物馆，据说在东南欧只此一家。民俗村占地 6 公顷，它反映了 150 年前保加利亚的农村生活。这里有以水作动力的磨坊、染坊、织布机，琳琅满目的木制、铁制和陶制品，原始的住房院落，等等。游客既能享受到田园生活的宁静，又可以买到古香古色的纪念品。

距离加布罗沃以北十几千米的地方，至今还保留着一座具有 500 年历史的小村庄，名叫“鲍人齐村”。几十座古老的房子高高低低，错落有致，整个村庄受到国家的保护，是一座民俗博物馆，同时，它还可以接待旅游者住宿。传说，第二保加利亚王国陷落时，一个名叫鲍让娜的富婆带着家人逃到这里，躲避战火，创建了这个村子。

班斯科

班斯科位于保加利亚西南部的皮林山下，距离索非亚92千米，距离希腊边境 70 千米。

班斯科属于温带大陆性气候，漫长的冬季从 11 月一直持续到来年的 5 月。冬季气温可降至零下，夏季则暖和舒适。

班斯科是保加利亚民族复兴运动的摇篮。保加利亚第一部历史文学著作的撰写者帕伊西 · 希伦达尔斯基和保加利亚著名宗教人士、里拉修道院的创建人里尔斯基就出生在这座城市，革命诗人瓦普察洛夫的故居则位于市中心广场附近。

班斯科古民居

瓦普察洛夫石雕像

瓦普察洛夫因长期从事地下工作而遭到逮捕，在法官宣布判处他死刑的当晚——1942 年 7 月 23 日晚，在临刑前几个小时，他高吟了自己创作的响彻世界诗坛的《就义之歌》：

斗争残酷无情，
斗争，正像人们所说，史诗般壮美。
我倒下了，后继者接踵而至，
一个人总是显得渺小。

枪决连着枪决——逝者化为乌有，
生死轮回就是这么简单。
可是，我的人民啊，我们还会同你们共抵风雨，
因为我们曾经爱过你们。

班斯科的文化和历史遗迹众多，1979 年被评为国际文化旅游名城。这里高山林立、松林密布，有着悠久的登山和野外探险活动的传统。2003 年，新缆车系统建成，可直达托多卡坡滑雪场。这里有长达 16 千米的滑雪道。自 2008 年以来，高山滑雪女子世界杯就一直在这里举行。班斯科还有丰富的温泉资源，很多东南欧、中欧、西欧的滑雪爱好者都喜欢到这里来，享受滑雪、泡温泉的乐趣和惬意。

班斯科是个小镇，人口只有 1.3 万。该城市以旅游业为主。近年来，班斯科的房地产业也吸引了不少来自全世界的投资者。

科普里夫什蒂查

这座小城位于保加利亚中部山中段，现在虽然只有 3000 多居民，但它在巴尔干半岛乃至欧洲却很有名——它是“保加利亚土地迷人的一隅和民族的骄傲”。

14 世纪，当奥斯曼土耳其人入侵保加利亚时，一些牧民和手工业工匠纷纷逃到这个山区避难，逐渐形成了一个从事畜牧业和手工业的居民点。到了 19 世纪，人口增加到了 1 万人。成百上千的商贾云集此地，把皮革和手工制品远销到君士坦丁堡（今伊斯坦布尔）和亚历山大。

小城清一色的木质结构的古民居和石板路面依山建筑，错落有致，透出一股浓浓的“古”气。富商们的宅院造型各异、质地

科普里夫什蒂查鸟瞰

精美，俨然是财势的象征。保存至今的250多座建筑物，构成了一个真正的国家级博物馆。1817年修建的“圣母升天日”教堂和1842—1844年完工的“圣徒尼古拉”教堂，更给科普里夫什蒂查的建筑布局增添了光彩。

小城群山环抱，溪流纵横，满眼滴翠，空气清新，是避暑疗养、写诗作画的好地方。这里是1876年爆发的反抗土耳其人统治的四月起义的摇篮——四月起义时的“第一枪桥”至今犹存。这里有保加利亚著名作家柳本·卡拉维洛夫（1834—1879）和“温情诗人”迪姆乔·德贝梁诺夫（1887—1916）的故居博物馆，其他许多革命者、诗人和艺术家也曾在此歇脚。这里每年都要举办全国性的或国际性的、娱乐性的或学术性的民俗活动。每年5月1日，城内都要再现四月起义的情景；每年夏季，声势浩大的民间艺术节总是使旅游者乐不知返。

斯莫梁

区府斯莫梁位于保加利亚西南部罗多彼山的秀丽地段，海拔850—1050米，是保加利亚与希腊接壤的重镇。

该市地处“黑河”右岸的狭长地带，1960年由三个大村庄合并建市，长约10千米，由现代化公路连接，是保加利亚最长的城市。该市古老的房屋与现代建筑泾渭分明。它生产的手工制品如毛呢、粗呢、铜制器皿和铜铃，以及烟草，畅销到爱琴海和小亚细亚地区。

从斯莫梁市中心往西10千米处，是风光迷人的斯莫梁湖，而往北16千米，则是帕姆波罗沃高山营地——保加利亚第二大

高山新城

滑雪场。这里海拔 1650 米，早在 1933 年就开始修建滑雪场和休养站。处于苍山碧海之中的帕姆波罗沃拥有 5 台升降梯、13 条索道和总长 17500 米的滑雪跑道。它先进的设备和幽雅的环境以及多项夏季和冬季运动项目，受到国内外旅游者的青睐。20 世纪 80 年代，帕姆波罗沃曾成功举办世界大学生冬季运动会。

贝洛格拉奇克

这个小镇又被译为“小白城”。虽然只有几千居民，但它却因附近奇异的石群和岩洞而声名远播。公元 1 世纪，古罗马人在今日小镇的山崖上建起了古罗马城堡，以保护多瑙河岸边的一条通道。后来，拜占庭人、保加利亚人、土耳其人都继续修复和利用了这个城堡。该城堡占地约1万平方米，周边共有5座城门。

小白城的悬崖峭壁

在城堡四周约3千米宽和30千米长的地带，分布着贝洛格拉奇克石群。在这个大自然的迷宫里，矗立着巍峨多姿的奇景。有的岩石高出地面150多米。奇形怪状的岩石不仅显现出人物和动物的轮廓，而且还有古代城堡和塔宇的外形。在每天不同的时间里，尤其是在日出和月圆的夜晚，这些岩石被披上神秘的外衣——有的叫“亚当和夏娃”“圣母马利亚”，有的叫“狮身人面像”“修道士”，等等。人们还围绕着这些岩石，编造出饶有趣味的故事。

距贝洛格拉奇克约30千米处，有一个叫作“拉比沙”的岩洞。这个岩洞位于光秃秃的马古拉山丘南坡半山腰处，长2500米，有天然的出入口。在离进口165米的深处，从左侧分出两条走廊。两条走廊向前伸延几百米后又并到一起。在岩洞的走廊和大厅里，喀斯特作用形成的大小不一的钟乳石和石笋蔚为大观。尤其罕见的是，在几个分叉处和一个小厅的壁上，还保留着远古的壁画和原始人居住的遗迹。第二次世界大战期间，反法西斯游击战士在洞里开过会，还建了一个图书室。

十、旅游休闲

发展中的旅游业

保加利亚拥有独特的旅游资源。由于地形多变，并受欧亚文化的双重影响，自然风光赏心悦目，人文景观别具一格。巴尔干山横贯全境，旅游者夏天可去避暑，冬日可去滑雪。东临黑海，海滨沙滩细软，浴场宽浅，服务设施齐全。由于阳光充足，从春到冬，整个保加利亚就是一个日光沐场。保加利亚还有许多历史名城、博物馆、考古遗址、古代和中世纪的城堡。众多的旅游城市不仅显示出它丰富的历史文化遗产，同时也反映了当代社会生活和经济生活的风貌。加之保加利亚民风淳朴，百姓好客，旅游费用相对低廉，这个国家成了欧洲旅游者观光和休憩的首选地之一。

里拉修道院

世界文化与自然遗产

迄今为止，保加利亚被联合国教科文组织列入世界文化与自然遗产名录的景点共有 9 处，它们全都对国内外游客开放。

1. 里拉修道院 里拉修道院（古建筑群）位于里拉山北部的峡谷中，海拔 1150 米。该修道院最初建于公元 10 世纪中期，其奠基人是修道士伊万 · 里尔斯基。主要建筑物有不同时期修建的教堂、防御塔和一座半圆形的 4 层楼房，这座楼房分东西南北 4 个部分，有约 300 个房间。柱廊为文艺复兴式，防御塔高 25 米，窗户狭窄，有无数射击孔，筑于 1335 年，全用红砖和石头砌成，其一部分后被土耳其大炮轰坏。

修道院几度被毁又几度重建，如今遗留下来的唯一建筑物，就是那座孤零零的 5 层塔楼。修道院现有建筑面积 8800 平方米，其中精美的壁画、圣像、圣物和32000册藏书，使它成为保加利亚的文化中心之一，即“民族精神的堡垒”。修道院1976年被国家确定为重点文物保护单位，1983年被联合国教科文组织列入世界文化遗产名录。

2．鲍亚纳教堂 索非亚南郊维托沙山麓的鲍亚纳教堂最初建于10世纪。13世纪时，按照当时的贵族卡洛扬的建议，增建了一座两层的楼房。19世纪，教堂又增加了两翼，有了今天的规模。现在人们穿过两翼，沿着木梯登上二楼，就会对保加利亚佚名艺术大师天才的壁画叹为观止。这些绘画完成于1259年，堪称当时巴尔干绘画艺术的代表作。

由于画家都是本地人，熟悉周围的百姓，画的又都是画家自己的邻居和朋友，因此，许多人在壁画上描绘的圣徒、天使的形象中，找到了自己的面孔、衣服，甚至还能在绘画《最后的晚餐》中找到自己的餐桌，上面摆着普通百姓爱吃的萝卜和大葱。教堂的壁画中还有保加利亚国王康斯坦丁·阿森和王后伊丽娜生动逼真的画像，他们旁边站着教堂施主卡洛扬和他的妻子德西斯拉娃。卡洛扬长着一头黑发，手托教堂模型，仪表端庄。德西斯拉娃同平常一样，嘴角挂着微笑。采用现实

鲍亚纳教堂

主义的表现手法，把圣徒画成具有鲜明个性的凡人，这在当时是有风险的，因为过去的教堂圣像都是按照呆板的格式，因袭象征主义的风格画出来的，同凡人有天壤之别。正因如此，鲍亚纳教堂已被联合国教科文组织列入世界文化遗产名录。

3．伊万诺夫悬崖修道院 这个由几座小修道院和小教堂组成的建筑群位于鲁塞洛姆河的悬崖陡壁之上，距鲁塞市约18千米，因山崖下面的“伊万诺夫”村而得名。

早在保加利亚中世纪晚期，许多修道士就来到这里隐居和修炼，逐渐建起了小天堂、大天堂教堂和伊万诺夫修道院以及科舒塔修道院。陡峭的岩壁连着沙石的羊肠小道，游客沿着石阶攀岩进入石砌修道院后，能在这座展现中世纪保加利亚艺术的建筑物中，见到几十件石刻和残存的彩色壁画。修道院于1983年被列入世界文化遗产名录。

4．卡赞勒克墓地 该墓地是指公元前4世纪—公元前3世纪的色雷斯古墓群。这些墓地因集中在卡赞勒克附近的图尔贝托山丘上而被称为“卡赞勒克墓地”。

色雷斯时代的陵墓由入口、走廊和圆顶墓室组成。顶盖用砖石混合材料砌成。墓室中一幅幅用植物油和陶土绘制或镶嵌而成的壁画，栩栩如生地反映了保加利亚古代人民的生活和战争场面，具有很高的艺术价值。每一组画的前面是两个武士，随后是战马和士兵。骑士全副武装。墓室正中央墙壁上有一组葬礼场景画，几位妻子席地而坐，她们的旁边站着另一位女子。据说，这个站着的女子可能就是色雷斯传说中的土地和丰收女神“德梅特拉”。

5．斯维什塔里古墓 这是迄今发掘出来的一大片色雷斯圆形古墓。它位于伊斯佩里赫镇西北 7 千米的斯维什塔里村。早期发现的 4 座墓以及后来挖掘的 4 座墓和最后 1 座墓，分别于 1979 年、1983 年和 1985 年被联合国教科文组织列为世界文化遗产。每座墓地有 1 间巨型中央陵寝，它们高出地面，上面覆盖泥土，形成一个小山丘。墓室内部的墙壁上除了镶嵌画、彩色壁画外，还有浮雕、女神支柱以及陪葬品。殷富的色雷斯人都修筑了专用坟墓，死后以全副盔甲和武器陪葬。

这些修建于公元前 3 世纪上半期的色雷斯陵墓及其珍贵的艺术作品，再现了那个时期的大自然、文化和宗教生活，极具研究和观光价值。为此，保加利亚专门成立了色雷斯文化研究所。色雷斯精致的绘画作品和出土文物经常在国内外展出。

6．斯雷伯尔纳湖区 该湖区是一片湿地，它位于保加利亚东北部锡利斯特拉市以西 16 千米处，距多瑙河仅 2 千米。湖区总面积 600 公顷。现已划为国家生态保护区。

这里有各种各样的奇花异草、鱼类和其它小动物，仅受国家保护的鸟类就有 150 种之多，其中包括在欧洲少有生存的鹈鹕。许多专家称湖区为“沼泽鸟的乐园”。现在已建起自然博物馆。在有的季节，只有经过特许，旅游者才能进入保护区。

7．马达拉骑士 这是保加利亚中世纪早期（8 世纪）最引人注目的一件奇特艺术品，据说是原始保加利亚部落所刻。这个浮雕位于距舒门市 16 千米处马达拉村附近陡峭的崖壁上，离地面 23 米，表现的是同真人一样大小的一名骑士，以及跟在他后

马达拉骑士

面的一条狗。骑士右手持权杖，左手紧握钩杆。马蹄下有一头身上戳着长矛的雄狮，狮子腹下还有一条蛇。

浮雕上的 3 段希腊文碑文依稀可见，它们镌刻于不同时期：第一段刻于特尔维尔可汗时期（公元 701—718），第二段刻于其继承者科尔米索斯可汗时期（公元 721—738），第三段刻于奥穆尔塔格可汗时期（公元 814—831），可惜碑文已严重侵蚀，难以全部辨认。

原先，考古学家认为，这幅浮雕象征着早期保加利亚统治者的胜利进军。现在，最新的解读称浮雕源于波斯帝国的艺术传统：骑士是太阳在大地上的化身，狗是月亮的化身，而狮子是狮子座的造化物。计算机专家通过对当代天体演变的分析，认为这件浮雕作品正好再现了公元 165 年（蛇年）太阳、月亮和狮王星的分布图。无独有偶，根据古保加利亚人的历法，这一年正好是欧洲保加利亚国家的开国元年。由此可以得出结论：保加利亚人具有印欧血统和悠久的文化。马达拉骑士悬崖下面有 9 世纪、11—13 世纪的教堂和修道院以及大片古罗马时期的废墟。

“马达拉骑士”是联合国教科文组织世界遗产委员会首批公布的 57 项世界文化与自然遗产项目之一。保加利亚总统授予国际友人的奖章被称为“马达拉骑士”勋章。

2008年6月29日晚，保加利亚举行“国家象征”评选大会，“马达拉骑士”赫然高居榜首。

8．“皮林”国家公园 在保加利亚西南部皮林山的北部，约60座海拔2000多米的山峰巍峨多姿，雄浑壮观，140—150个冰湖水清如镜，点缀其间。最大的“神父”湖演绎出了许多有趣的传说。奇峰、异湖和种类繁多的动植物，使这里成了大自然的宝库——现已产生了“巴尤韦洞”等3个溪水潺潺、林海滔滔的生态保护区。1976年，这里的4万公顷土地被辟为国家级公园，1983年又被列为世界文化与自然遗产。

9．古城内塞伯尔 内塞伯尔是黑海岸边一个奇特的微型半岛，它通过一条仅有15—23米宽的狭窄走廊同陆地连接起来。原是公元前6世纪的色雷斯渔村，名为“梅森布里亚”，后成为

内塞伯尔老教堂

希腊和罗马的城堡。一条柏油路将半岛与陆地相连，两旁有阻挡海浪袭击的低矮的水泥墙。岛上，古罗马时期的圆形剧场至今仍可举行音乐会，拜占庭时期的船形教堂则古朴典雅，风韵犹存。据称，岛上原有13—14世纪的41座各式教堂，保存下来的只有10座，其中的“老教堂”、圣约翰教堂、圣斯特凡教堂、潘托克拉托尔教堂、圣阿里杜尔吉提斯教堂等，在建筑工艺上颇具独创性。小块的凝灰岩和数排砖头交错重叠，构成不同寻常的装饰图案。上楣、拱门、壁龛等细部则镶嵌圆形和四叶苜蓿形的陶瓷，在阳光辉映下，这些教堂的正面犹如许多彩色刺绣画，光彩夺目，堪称古代建筑艺术和中世纪文化的珍品。

目前，内塞伯尔只有1万居民。休假站、大小旅社、民宿、娱乐场所遍布全岛。附近新兴的“太阳岸”海滩浴场和疗养院，与古老而又年轻的半岛遥相辉映，充满浪漫色彩，让游客流连忘返。

文化旅游

自古至今，保加利亚民俗节日繁多，庆典活动不断，其中最重要、最能吸引游客的文化旅游项目有：

——佩尔尼克和杜普尼查的面具节（1月）。

——卡赞勒克玫瑰节（6月）。

——科普里夫什蒂查民族文化节（5—6月）。

——布尔加斯和瓦尔纳民间文艺会演（8月）。

——巴尔契克和索佐波尔海洋节（8月）。

名副其实的“驴友”

——“皮林在歌唱”和“罗仁在歌唱”民俗节（8月）。

——里拉“七湖”神秘活动（8月下半月）。

——松林“十字山”节（9月14日）。

——后巴尔干山区乡村圣诞赶集活动(12月至次年1月)。

——各地教堂和修道院的复活节庆祝活动（尤以索非亚的“亚历山大·涅夫斯基”大

攀岩

民间艺人

短笛手

烤全牛

教堂和里拉修道院最隆重热烈）。

——各地的演唱和文艺会演活动。

大多数保加利亚旅行社在推出旅行线路时，会将上述一两项文化旅游项目收入其中。这样，旅游者就可亲身感受保加利亚原汁原味的民族文化。

在诸多民俗活动中，保加利亚的民族服装和民间乐器令人耳目一新，往往使旅游者如醉如痴。色雷斯、罗多彼和维丁等地的服饰艳丽多彩，西部地区的白色和黑色手工粗羊毛男服也颇受欢迎。各地的民俗博物馆里都陈列着这些民族服装和服饰。

保加利亚最有代表性的民乐有：羊皮制作的“加伊达”吹奏乐器（风笛）、“卡瓦尔”三节木笛、“格杜尔卡”单弦或多弦琴、皮鼓、“古丝拉”弦乐器、铜铃等。在全国各地的音像商店里都能买到保加利亚民歌和民乐光盘。

十一、中保关系

中保两国，相去天渊。但是，建交 70 年来，两国共同培育的友谊之树历经风雨，不断生长，如今已根深叶茂，开花结果。

回望历史，不难发现，中国和保加利亚建交以来的双边关系大致经历了 3 个阶段。第一阶段从 1949 年中华人民共和国成立到 50 年代末，两国高层领导频繁互访，双边经贸和科技合作甚为活跃；第二阶段从 20 世纪 60 年代初持续到 80 年代中期，两国双边关系虽因受到苏联因素的影响和干扰，遭遇了“西伯利亚寒流”，但是，暖流仍然涌动，直到天空放晴；第三阶段始于 80 年代末至今，中保关系在崭新的基础上，进入一个互利合作的新阶段。保加利亚积极参与中国倡导的“17+1”和“一带一路”建设，为中保两国全面合作增添了新的活力，带来了实惠和互利双赢。

玫瑰花绽放的年代

中国和保加利亚的相互了解和友好交往肇始于革命年代。中国人民熟知的国际共产主义运动的杰出活动家格奥尔基·季米特洛夫（1882—1949）在他主持共产国际的8年中（1935—1943），帮助和指导了中国共产党的革命斗争，力举毛泽东为中国共产党的领导人。毛泽东对季米特洛夫主持下的共产国际关于中国问题的态度和支持，也是比较满意的。他曾赞扬季米特洛夫处理问题比较谨慎，是个好同志，帮了我们很大的忙，是中国人民的朋友。

20世纪30年代，保加利亚著名作家伊凡·伐佐夫和埃林·彼林，在保加利亚家喻户晓，在中国也很有人气。他们的佳作罕见地一度收入中国的中学课本，得到鲁迅等中国作家的高度赞扬和读者的喜爱。

1939年，保加利亚外科医生、国际主义战士甘扬道随国际援华医疗队来到中国，在极端艰苦的条件下，为中国人民的抗日战争救死扶伤，并同医疗队中的中国护士张荪芬结为伉俪，为中保

年轻时的张荪芬和甘扬道

晚年的张荪芬和甘扬道

两国人民架起了友谊的桥梁。抗战胜利后，张荪芬随丈夫返回保加利亚，毕生在该国从事汉语教学工作，成为保加利亚汉语教学和中国研究事业的拓荒者。

第二次世界大战中，中国一些进步报刊，如《新华日报》《解放日报》等，曾通过大量报道，声援和支持保加利亚人民的反法西斯斗争。据粗略统计，两报在1941—1945年的5年中，共刊登了直接有关保加利亚政治和王国政府、保加利亚人民的反法西斯斗争和人民政权建设等消息463条，发表社论3篇、短评5篇和文章7篇。

1949年10月1日，中华人民共和国举行了开国大典。保加利亚继苏联之后，于10月3日（由于时差，中方文件一般称10月4日）第二个承认了中华人民共和国。在当时美国和西欧大国拒不承认中国新生政权和中国革命胜利的反华排华条件下，保加利亚送来的这枝鲜艳的玫瑰花，表明了保加利亚人民对中国人民的友好情谊和对中国革命的兄弟般的支持。

此前一天，即10月2日，中华人民共和国外交部长周恩来致函保加利亚政府，表示愿与保加利亚人民共和国建立外交关系。电文指出：

考虑到保加利亚人民永远同情中国人民争取独立、民主和自由的斗争，保加利亚人民共和国政府的承认将加强两国人民之间业已存在的友好关系。

10月3日，保加利亚外交部长波普托莫夫以照会的形式回复周恩来外长说：

保加利亚政府在研究了中华人民共和国中央人民政府关于与其他国家建立外交关系的建议之后，由于保加利亚人民底意愿，他们认为中国人民的斗争与胜利就是全世界进步与爱好和平力量的斗争与胜利，且中华人民共和国中央人民政府是全体中国人民意志的代表者，故特决定建立保加利亚人民共和国与中华人民共和国之间的外交关系，并互派外交代表。

索非亚“季米特洛夫”火车头工厂全体职工在10月2日的“国际保卫和平日”大会上，一致通过贺电说：我们热烈地向毛泽东同志、英勇的中国共产党和为自由和民主奋斗的中国人民致敬。我们分享到对新的中华人民共和国的普遍欢庆。中华人民共和国在人民民主的大家庭中，是一个重要的成员。我们深信中国人民在久经锻炼的中国共产党领导下，将要消灭国民党集团的残余，以达到巩固和平及中国人民的繁荣幸福的目的。

与此同时，保加利亚报刊还就承认中华人民共和国发表多篇评论。10月3日，保加利亚共产党机关报《工人事业报》刊载了中华人民共和国中央人民政府的公告，并配发了毛泽东像。

10月4日，周恩来以照会形式答复了保加利亚人民共和国外交部长，欢迎中保两国建立外交关系。照会内容如下：

我代表中华人民共和国中央人民政府很荣幸地收到阁下本年十月三日来电关于保加利亚人民共和国政府决定建立保加利亚人民共和国与中华人民共和国之间的外交关系并互换外交代表的通知。我现在通知阁下：中华人民共和国中央人民政府热忱欢迎立即建立中华人民共和国与保加利亚人民共和国之间的外交关系，并互派外交代表。

同一天，保加利亚共产党中央委员会致电中国共产党中央委员会，庆贺中华人民共和国的成立。电文如下：

北京中共中央委员会，亲爱的毛泽东：保加利亚共产党致电给你，对中华人民共和国的公告以及由你——中国人民解放运动的著名领袖——所领导的全中国人民政府的产生，向兄弟般的中国共产党及中国人民致热烈的祝贺。为季米特洛夫的精神——一个真正国际主义的精神——所抚育的我们党和保加利亚的整个劳动人民，对于中国人民和中国人民解放军的英雄的胜利，予以很大的关切和热忱。保国人民认为中国人民反对蒋介石反动卖国集团及其同盟帝国主义者的斗争亦是他们自己的斗争。中华人民共和国的公告，对于和平民主阵线是一个新的伟大的贡献，而同时亦是对于帝国主义者和新掠夺战争的挑拨者们的一个沉重的打击，这就为中国人民非常具决定性地产生了条件以开始走向社会主义。由苏联领导的民主阵营的这个新的胜利将对争取自由与独立的被压迫人民给以新的力量与信心。中华人民共和国及其政府万岁！中国共产党及毛泽东主席万岁！

保加利亚宣布同新中国建交，中国革命的胜利和新中国的建立受到保加利亚共产党、政府和人民极大的热情欢迎和崇高的尊敬。

在保加利亚政府宣布承认中华人民共和国政府的当晚，保加利亚部长会议主席瓦西尔·科拉罗夫即会见了赴保向季米特洛夫致祭的中共中央和中国人民解放军代表萧华，以及中国新民主主义青年团的代表。10月4日，索非亚举行数万人庆祝保中友谊的群众大会。中国青年代表团团长萧华将军回忆说，他在群众大会上的演说受到热烈的喝彩并一再被雷鸣般“毛泽东万岁”“保加利亚与英雄的中国人民的友谊万岁”的欢呼声所阻断。群众大会一致通过致中国共产党主席和中国人民领袖毛泽东的电文，内称：全体保加利亚人民与战斗的中国站在一起，并祝贺中国的伟大胜利。

10月5日，保加利亚政府公用企业管理部全体职工、祖国阵线、保加利亚总工会、农民联盟、妇联、保加利亚反法西斯战士联盟等社会组织和群众团体纷纷致电毛泽东表示祝贺，向全中国劳动人民转致战斗的敬礼，并望在最后从帝国主义羁绊下解放全中国，和进行新民主主义建设中获得新的胜利。致电还说，数万万中国人民进入坚强的民主和社会主义阵营，对保卫和平与人类未来的幸福将有莫大的贡献。中国人民的胜利，使进步人类欢欣鼓舞。

迄至10月7日，除苏联外，保加利亚、罗马尼亚、捷克斯洛伐克、匈牙利、朝鲜民主主义人民共和国和波兰等国也先后承认了中华人民共和国。这样，年轻的中华人民共和国便以雄伟的姿态步上了国际政治舞台，成为世界反对帝国主义、和平、民主阵营大家庭中的一员，整个东方从此进入一个新的时代。

1950年，保加利亚在北京设立大使馆，并任命扬科·佩特科夫为首任特命全权大使，于9月30日中华人民共和国国庆节前夕递交了国书。大约在此前一个月，中国政府在索非亚设立了大使馆，派出了第一任大使曹祥仁，并于保加利亚国庆节前夕的9月8日这个不寻常的日子递交了国书。

双方互派大使后，两国关系得到了全面发展，先后签订了文化、广播、科学技术、预防农作物病虫害、邮政电讯、贸易支付等各领域的合作协定。

从1950年起，两国开始交换第一批留学生，教育和文化交流开始活跃。1952年，两国政府签订了第一个贸易协定。双方当时作为社会主义阵营内的“兄弟国家”，在各方面的交往中体现了积极热情和友好合作精神，取得了丰硕成果。

1958年，中国天津从保加利亚引进七个葡萄品种，并在天津郊区建立“中保友谊葡萄园”

1952 年 5 月 12 日，保共中央主动致函中共中央，要求协助保加利亚在同年年底出版毛泽东著作单行本。该函称："由于我们没有贵党相应的、可用来翻译的出版物，因此我们向你们请求，给我们提供相关材料。通过毛泽东同志的著作，能让保加利亚读者了解中国共产党斗争、发展的重要历史，这对我们现在的斗争有着极其重要的意义。如果你们能在今年 6 月底之前给我们提供相关材料，我们将不胜感激。"

1957 年 10 月 11 日，中保两国政府在北京发表了两国政府代表团会谈声明。声明肯定了两国日益发展的友好合作关系，强调要巩固社会主义国家世界和平力量之间的团结。在声明上签字的是保加利亚部长会议主席安东·于哥夫和中国国务院总理周恩来。

1958 年 9 月 3 日，保共中央政治局做出决定，支持中国在台海问题上的严正立场。保共中央政治局认为，就美帝国主义针对中华人民共和国的侵略行径，有必要采取如下行动：

1．部长会议发表声明，支持中华人民共和国在台湾和中国沿海岛屿问题上的立场。

2．举行城乡、机关、企业等单位的群众大会和集会，反对美帝国主义的挑衅行为，声援中国人民的正义斗争。

3．报刊和广播电台应广泛报道我国和全世界劳动人民声援中华人民共和国的斗争，揭露美帝国主义在远东的挑衅行为。

寒冬过去是阳春

保加利亚官方 1997 年印制的保汉对照《保加利亚—中国》

一书，对此前的两国关系作了这样的评价："在双边关系的头10年中，即在（20世纪）50年代，保中之间的往来甚为活跃。但是在60年代，由于受到北京和莫斯科之间的意识形态分歧的影响，两国之间的合作渐被削弱，而到1967年，外交关系竟然降格到大使馆临时代办的水平。然而在1970年以后，两国又交换了大使，双边关系在50年代协议的基础上重又恢复生机。"

20世纪60年代，中苏关系的恶化使得中保关系布满阴霾，两国关系发生了较大变化和起伏。如果说中苏双方都是意识形态论战和国家关系决裂的直接受害者，那么中保关系的起伏则仅仅是外界消极因素影响的结果。

从20世纪70年代起，中国同保加利亚的关系逐渐好转，开始恢复贸易、文化、海运等方面的往来。1970年，两国互换大使。1971年5月5日，保加利亚人民共和国部长会议主席托多尔·日夫科夫在接见中国新任驻保大使赵禁时，为了推动双边贸易的发展，不无幽默地说：

我们两国人民之间确实存在着传统友谊和友好情谊。我们珍视这种友谊，珍视这种友好情谊。我们将尽其所能，为友谊和合作的发展和开花结果创造必要的条件。我完全同意这样的观点：应当发展我们两国之间、两国人民之间在经济、文化和其他领域的关系。

您说我们两国关系取得了进展，可实际情况又如何呢？

近年来，保中贸易增长了4倍。这个4倍意味着，用你们的术语来说，就叫大跃进。不过，这是什么样的跃进啊？双边贸易额先是跌到200万卢布，然后又回升到800万卢布。保加利亚的出口额超过200万卢布。第六个五年计划期间，我们的年平均出口额将达到30亿卢布。我们同中国的贸易就是这个样子。用我们的话来说，这叫沧海一粟。我们说“沧海一粟”，是因为我们的边界有一段是海岸线。如果拿你们的规模来说，应该叫“大洋一粟”。

20世纪80年代，中国经历了“文化大革命”的灾难之后，在十一届三中全会精神的引领下，为实现国家“四个现代化”而奋发图强，面向世界，并以热情的态度关注、学习和借鉴南斯拉夫、匈牙利等东欧国家经济改革的经验和教训。同样，东欧国家也在考察和了解中国，对苏联的对华政策产生怀疑，并以不同方式表达了改善对华关系的愿望。东欧国家里出现了一些缓和的声音，个别国家并采取主动，试图突破苏联的反华防线。

东欧国家在复杂的国内国际环境中，注意从本国的实际出发，在奉行对苏联“一边倒”和受到苏联禁锢的双重压力下，探寻符合本国本民族利益的外交政策；同时，在对华关系上，实行带有本国特色的独立自主政策。这时几乎所有东欧国家都成功地建立和加强了同中国的政治和经济关系，苏联为了一己之利，控制和主宰东欧国家的指挥棒已经失灵了。到了1987年，中国和东欧国家之间的关系已经完全恢复正常。

从20世纪80年代中期开始，中国与东欧国家的政治经济和科技文化关系迅速发展，已经超过中苏关系的正常化进程，为后来双方的全面合作奠定了基础。特别是民主德国、保加利亚、匈牙利、捷克斯洛伐克的党政主要领导人先后成功地访问了中国。他们对中国实行改革开放政策，经济迅速发展，人民生活水平提高，国力蒸蒸日上感到“震惊”，对双边国家关系和党际关系正常化和迅速发展感到由衷的高兴。其中，日夫科夫的破冰之旅为中保关系的发展取得了突破性进展。

1987 年 5 月，草木已经吐绿，中保关系沐浴着暖春的阳光，保共中央总书记、国务委员会主席托·日夫科夫瞒着苏联领导人戈尔巴乔夫，第一次率领保加利亚党政代表团访问了中国。日夫科夫在访问中表示希望“中苏关系中那些悲剧性的事实和事件尽快结束”，“翻开中保关系中的一页”，“回到我们两国关系的最初时期”，“把我们两个社会主义国家的双边关系提高到一个新水平”。5 月 7 日邓小平在接见日夫科夫时说，“过去，我们在国际共产主义运动中也犯过‘左’倾错误”，“我们应该向前看”。日夫科夫则强调说，“我很高兴看到我们两党和两国人民之间过去建立的合作与兄弟良好关系将得到恢复”。邓小平还敏锐地说：“日夫科夫同志，我们知道你们在悄悄地进行改革。”日夫科夫听了十分高兴。

随行的保加利亚外交部长彼得·姆拉德诺夫在其回忆录中谈到这次访问时指出，宾主双方都高兴地看到，“我们关系中一个复杂的、在很大程度上令人难以理解的时期已经结束了”，双方正在“平等和互利合作的基础上”揭开新的一页。对保加利亚来说，这是一次“历史性访问”。随之，这段不愉快的历史也成为过去，中保传统友好关系得到修复。

1989 年东欧发生“剧变”后，保加利亚和中国在崭新的基础上，在不受他国支配和影响的情况下，双边关系迅速发展，并步入一个新的发展阶段。

全面合作谱新篇

保加利亚在 1989 年后开始了制度的全面转型，并相应调整了对外政策。当今保加利亚对外政策的基本原则是现实主义，外交的重点和目标是维护民族利益、国家安全和领土完整，优先发展同欧美等西方发达国家的关系，重返欧洲，加入北约和欧盟。重视发展同巴尔干国家的睦邻关系，加强同中东欧国家的交往。目前，保加利亚已同约 140 个国家建立了外交关系。官方认为，保加利亚近年来在外交方面取得的主要成绩，是它已经成为东南欧地区的一个和平和稳定的因素。

保加利亚重视中国的大国地位，肯定中国改革开放所取得的成功经验。中保两国在政治关系上没有任何障碍，也不存在利害冲突。保加利亚党和政府一再重申并始终坚持世界上只有一个中国，台湾是中国领土不可分割的一部分，中华人民共和国政府是代表全中国人民的唯一合法政府的原则立场。与此同时，中国理解和尊重保加利亚人民独立自主的发展道路和多方位的外交政策。

1991 年之前，中保两国根据政府间的协议实行记账贸易，从

2008 年 4 月，中国长城汽车股份有限公司与保加利亚利特克斯汽车集团签订合作合同。5 月 11 日，长城汽车股份有限公司在保加利亚洛维奇市与利特克斯汽车集团合作建设的汽车制造厂举行奠基仪式

2009 年 6 月 1 日，在保加利亚中部城市，保加利亚著名诗人、民族英雄赫里斯托·波特夫的故乡卡洛菲尔市，中国艺术家袁熙坤和卡洛菲尔市市长迪米特罗娃为袁熙坤创作的赫里斯托·波特夫雕像揭幕

1998 年 5 月 26 日，保中友联前主席、索非亚大学前校长尼科拉·波波夫院士在保加利亚东部城市卡尔诺巴特做报告，向当地保中友联成员介绍中国情况。他不顾年事已高，终年奔波在保加利亚各地，免费向人们宣传中国的“经济奇迹”

这一年开始，两国改为现汇贸易。2007 年，保加利亚成为欧盟成员国后，开始全面执行欧盟共同贸易政策，其关税和贸易政策进一步规范化，这为中保两国双边经贸关系稳定发展创造了条件。近年来，中保两国经贸关系总体保持了稳定的有序发展。根据中国海关总署公布的数据，2004 年两国贸易额为 4.1 亿美元，其中中国从保加利亚进口额 0.7 亿美元，向保加利亚出口额 3.4 亿美元。2016 年，两国贸易额为 16.4 亿美元，中国向保加利亚出口额 10.5 亿美元，从保加利亚进口额 5.9 亿美元。

过去多年，中国对保加利亚的贸易始终呈现顺差，近几年来，中国加大了从保加利亚的进口力度，顺差正在逐渐减少。目前，中国向保加利亚出口的主要是电子、汽车、能源类产品，保加利亚出口到中国的主要是水果饮料、蔬菜、玫瑰产品、化妆品、葡萄酒等。

中保两国经济的稳定增长，使经贸合作的领域不断得到拓展，中国在保加利亚的投资也随之增加。目前在保加利亚的中国企业和机构主要有：华为技术保加利亚公司、中兴通讯（保加利亚）

股份有限公司、中国国家开发银行保加利亚分部、中国交通建设集团保加利亚分部、湘电集团保加利亚公司、明阳风电绿色能源公司等。2011年，天津农垦集团在保加利亚成立天津农垦集团总公司保加利亚分公司，租用土地，种植苜蓿、玉米、油菜等农作物，生产饲料，经营综合性大农场，建立农业合作示范区。近年来，两国电子商务合作发展迅速。保加利亚的葡萄酒、玫瑰精油及化妆品、优质农产品等通过电商进入了中国市场。

索非亚观众参观中国画展（1999年）

保加利亚姑娘在上海海菲轩茶艺馆举办的迎春晚会上演奏中国快板（2007年）

索非亚“中国餐厅”一角

中国与中东欧国家“17+1合作”和习近平主席提出的“一带一路”倡议，已经在保加利亚落地生根，为中保两国全面合作伙伴关系增添了新的活力。保加利亚是最早表示加入“一带一路”倡议的国家之一。2014年在保加利亚索非亚大学成立了中国与中东欧国家高校联合会秘书处，2015年在索非亚成立了中国—中东欧国家农业合作促进联合会。2016年9月，首届中国—

中东欧国家首都市长论坛在保加利亚索非亚举行；2016 年 10 月，中国—中东欧国家舞蹈文化艺术联盟在保加利亚普罗夫迪夫举行首次年会；2017 年 5 月，中国—中东欧国家首个农业合作示范区在保加利亚建立；2017 年 10 月，中国—中东欧国家地方省州长联合会第三次工作会议在保加利亚索非亚举行。2017 年 4 月，保加利亚成立了“一带一路”全国联合会，为促进“一带一路”倡议的落实提出了新的举措，开辟了新的方向。

近年来，中保两国在军事、科技、政党交流、地方交往等领域也取得了令人满意的成绩。

中保两国高层的互访增进了两国相互了解和政治互信，为中保双边关系持续发展注入了强大动力，为两国各个领域友好务实合作奠定了坚实基础。

2018 年 7 月 5 日，李克强总理访问了保加利亚并出席了第七次中国—中东欧国家领导人会晤。与会各方签署了《中国—中东欧国家合作索非亚纲要》，中国与保加利亚在简化海关手续、加强信息交换、协调通关等方面不断加强务实合作，推进通关便利化，为中保双方的经贸合作提速创造了条件。2019 年中保关系的一个重点是就在索非亚建立“17+1 全球伙伴中心”达成共识，该中心将为参与“17+1 合作”的政府机构和企业提供咨询服务和建议。中保双方将共同努力，推动各领域的全面和务实合作。

2019 年 7 月保加利亚总统鲁门·拉德夫访华时，同中国国家主席习近平在人民大会堂举行了会谈，两国元首一致决定，将中保关系提升为战略伙伴关系。会谈时，拉德夫表示，“一带一路”

倡议有利于世界和平与繁荣，保方愿深度参与，充分发挥自身区位优势，成为连接欧洲和亚洲的门户和枢纽。

保加利亚作为“一带一路”倡议中的一个国家，面积虽小，人口不多，但它在电子、农业、旅游等诸多领域都成绩斐然，这为发展两国关系提供了良好条件。中国现已在保加利亚设立孔子学院和中国文化中心，这将有利于两国的文化旅游交流和民心相通，有利于进一步加强两国间长期存在的友好和相互尊重的关系。

历史之路留下了痕迹，眼前之路宽阔明亮。两国将继往开来，在互利共赢的道路上大踏步前进。

附录 1：保加利亚入境须知

目前，保加利亚驻华领事部门（北京、上海）负责办理赴保加利亚的签证。持有赴保加利亚签证者，尚无法进入申根区国家。持有任何一个申根成员国签发（一次入境签证、两次入境签证或多次入境签证）的有效签证及居留许可者，或持有罗马尼亚、克罗地亚和塞浦路斯的有效签证者，可以进入保加利亚停留。申根签证及入境规定仅适用于不超过 90 天的短期居留。有关超过 90 天的长期居留的规定，将按照保加利亚本国的法律施行。

关于上述申根“有效签证”的具体含义，可咨询保加利亚驻华领事部门。

保加利亚签证分为 C 字签证和 D 字签证两种。C 字签证又分为单次、两次或多次，最长有效期为 5 年。持 C 字签证在保加利亚境内的停留期限，不取决于签证有效期，即每 180 天内不得超过 90 天。

根据保加利亚共和国和中华人民共和国两国政府间的签证协议，与签证及领事服务相关的费用均须在签证处以现金支付，且由签证处出具准确填写的收据。持有中华人民共和国外交护照者，不需要办理签证。办理中华人民共和国普通公务护照和个人护照的签证，按照不同签证类型收取不同费用。

签证处工作人员有权要求申请者提供其他签证材料，并对申请者进行面试。申请者不得递交早于预计访问时间 3 个月以上的签证申请。

申请保加利亚签证的地点

持个人因私护照申请签证（旅游、商务、团签等），请到签证中心办理。联系电话：+86-20-28292271。官方网站：https://www.vfsglobal.cn/Bulgaria/china/Chinese/index.html。

保加利亚驻华使领馆的地址和工作时间：

1. **北京**：保加利亚共和国驻华大使馆

地址：北京市朝阳区建国门外秀水北街 4 号

签证受理时间：周二、周三、周四 10∶00—12∶00

电话号码：（010）65321916

电子邮箱：Embassy.Beijing@mfa.bg

传真号：（010）65324502

2. **上海**：保加利亚共和国驻中国上海总领事馆

地址：上海市长宁区仙霞路 317 号远东国际广场 B 座 1416 室

签证受理时间：周二、周四 10∶00—12∶00

电话咨询时间：周一至周五 10∶00—16∶00

电话号码：（021）62376183

电子邮箱：Consular.Shanghai@mfa.bg

传真号：（021）62376189

[资料来源：保加利亚驻华使领馆]

附录 2：投资者注意事项

保加利亚有着悠久的历史和丰富的文化传统，是巴尔干半岛上的文明古国，也是当今东南欧地区的一颗明珠。自 20 世纪 90 年代转轨以来，保加利亚的经济发展取得了明显的成果，已经成为欧洲的重要门户。除了稳定的政治和经济环境之外，保加利亚还拥有多样的气候和地形，以及由铁路、干线公路、空中货运和黑海港口构成的交通网络。

南京金智股份有限公司在保加利亚投资的太阳能光伏电站

天津农垦在保加利亚普罗夫迪夫投资的农场喜获丰收

近年来，保加利亚政府大力改善本国投资环境，以提高对外资的吸引力，鼓励合作投资进入保加利亚的各个行业。国家和地方政府出台了大量扶持项目以及贸易免税、土地与投资购买补贴、税收优惠等鼓励政策，为外国投资者提供了优越的投资环境。

充分了解保加利亚有关法律法规和投资鼓励政策，是投资者获得成功的前提。

保加利亚是本地区外商直接投资的洼地之一。外商在保加利亚的投资数额不仅低于世界均值，而且还低于地区均值。2000 年，外商在保加利亚的投资总额不到 10 亿美元，而在地区国家投资的均值则为 25 亿美元，而世界各国的外资投入均值为 75 亿美元左右。2006 年至 2007 年之间，保加利亚的外国投资总额近 140 亿美元，当地的地区国家外国投资均值为 150 亿美元，全世界国家的均值则为大约210亿美元。此后几年，保加利亚吸引的外国投资逐年下降，从2010年至2015年，每年保持在吸引外资大约20亿美元的水平。而这期间地区均值为大约75亿—110亿美元的水平。所以，保加利亚吸引外资的“洼地”效应明显。

但是，保加利亚吸引外资仍具有一定优势：亚洲和欧洲之间得天独厚的地理位置，东临黑海、直达欧盟的有利条件和宽松的监管环境。这些优势具体表现为：

1. 稳定的政治和商务环境

——保加利亚是欧盟、北约和世界贸易组织成员方；

——保加利亚实行货币委员会制度，保币列弗与欧元挂钩，汇率稳定，1欧元折合1.95583列弗；

——2013年，保加利亚是欧盟成员国中国债最少的国家之一，也是全世界预算赤字最低的国家之一。

2. 低廉的经商成本

保加利亚拥有欧洲最优惠的税收制度，其经商成本远低于欧洲其他国家。保加利亚的企业所得税统一税率为10%，为欧盟最低；欠发达地区的企业甚至可以免缴企业所得税。对投资超过500万欧元、创造超过50个工作岗位的投资项目，可免除项目所需设备进口税两年。保加利亚还对股息和清算分摊额分别征收5%的预提税。

3. 战略性地理位置

保加利亚是欧洲4号、7号、8号、9号和10号泛欧走廊的交通要塞以及欧洲—高加索—亚洲运输走廊项目的成员国，其多瑙河沿岸有多个港口。这些直通周边多国市场的战略性优势极大地提升了保加利亚的投资吸引力。

4. 通往各大主要市场的门户

保加利亚地处巴尔干半岛黄金地带，直达拥有 5 亿消费者的欧盟市场以及独联体国家、黑海沿岸中东国家和地中海沿岸北非国家等众多市场。

5. 优质的人力资源

保加利亚的人力资源在中东欧极具竞争力，全国共有 460 万高技能劳动力，用工成本低廉。每年有 6 万多名大学生从全国 53 所大学（这些大学的文凭均得到欧盟的承认）毕业。绝大多数劳动者都能使用外语进行交流，高中阶段 98% 的学生都学习英语，70% 的学生能够使用两门外语。

法务注意事项

保加利亚是大陆法系国家，作为欧盟成员国，其法律体系与欧盟法律完全兼容，保加利亚的法律环境，尤其是商业法环境，非常有利于经商，是中东欧最适合外商投资的地区之一。保加利亚推出了大量综合性投资、经商扶持项目并提供咨询服务，为外商了解本国法律提供帮助。

设立企业

在保加利亚投资的外商通常可以享受诸多优惠条件。保加利亚不对外资企业资产或股权进行特别限制，也不对外商进行特别的监督和监管。

法人实体类型

——企业类型：必须根据相应法律注册企业，可注册的企业形式有：（1）普通合伙制实体；（2）有限合伙制实体；（3）有限责任公司（独资）；（4）股份有限公司（独资）。除了这些企业类型之外，保加利亚还允许以下5种经营形式：（1）独资企业；（2）控股公司；（3）分公司；（4）贸易代表处；（5）合作公司。

——大多数外国投资者都选择在保加利亚设立有限责任公司或股份有限责任公司进行商业活动。这两者的区别主要如下：股份有限公司的股东数量底限为2个自然人或法人，注册资本底限为5万列弗，股东配额相同，设立董事会；有限责任公司的股东底限1个自然人或法人，注册资本为2列弗，股东配额不相同，不设立董事会。

企业注册

应在办好企业注册手续（最多4个工作日）以及取得经过公证的股本汇入银行对账单后，向国家税务局提交申请。

资本汇出

只要按时交纳企业税项，外国投资者即可自由购买外汇并将其转出保加利亚，可汇出的资本包括：投资收益；国家对征收投资者资产给予的补偿款；投资终止后的清算分摊额；投资出售收益；申请强制执行后收到的资金。

融资渠道

打算在保加利亚经商的企业可通过以下几种方式进行融资：

——保加利亚国家银行向外商提供一系列的财政援助项目，

因此从保加利亚境内运作的银行贷款，是最普遍的融资方式；

——欧洲复兴开发银行有鼓励外国投资者在保加利亚共用资本的专门项目；

——将企业在保加利亚索非亚证券交易所上市，可筹集民间资本；

——近年来，金融中介服务也成为私人及企业筹集资金的另一种热门途径；

——保加利亚美国企业基金可为中小型企业和保加利亚与西欧的合资公司提供金融服务。

投资鼓励政策

保加利亚政府出台的《投资鼓励法》是一系列投资鼓励政策的法律依据。该法案将以下 8 个行业列为保加利亚经济发展重点行业：1. 机械制造；2. 信息技术；3. 业务流程外包；4. 化工；5. 电气工程及电子产品；6. 食品加工与农业；7. 医疗与医疗旅游；8. 物流。要获得政府投资补贴，投资项目必须满足投入金额及行业、预计雇用员工数量、项目预选地等一系列要求。详情如下：重点项目的投资额为 1000 万—5000 万欧元，雇用人数在 50—150 人（硬性指标）；一级项目的投资额为 100 万—500 万欧元之间，雇用人数在 25—150 人（非硬性指标）；二级项目投资额为 50 万—250 万欧元，雇用人数在 10—100 人（非硬性指标）。

非经济鼓励措施包括：

——咨询服务；

——简化行政手续——中央及地方政府有关部门审批手续流程将比法定时间缩短三分之一；

——保加利亚投资署可提供咨询与个人服务；

——企业与市政府以及大学等学术组织达成公司合作关系；

——设立政府间工作小组以排除投资障碍；

——无须投竞标即可购买房产（私人房产或私用市政房产）。

经济鼓励措施包括：

——无须投标即可以低于市场的价格（但不低于房产税评估价值）购买房产；

——为建设一个或多个投资项目的场地内配套技术基础设施提供补贴；

——为员工专业技能培训提供补贴；

——退还企业为员工缴纳的社保费用；

——为教育类、研发类、制造类项目提供补贴；

——在农业用地设立工厂的企业可免税；

——只能从保加利亚本土银行获得融资贷款。

税务服务事项

1. 企业税

企业所得税

保加利亚企业所得税为欧盟最低水平，仅为10%；外国法人仅需就在保加利亚境内的收入进行纳税。在保加利亚注册的企业算作本国公民企业，而通过分公司、办事处、代表处等形式在保加利亚运作的非本国公民企业仅需就其在保加利亚的收入纳税。

增值税

——保加利亚标准的增值税税率为 20%，旅游饭店餐饮行业的增值税税率为 9%。不对国际货物运输、向欧盟以外国家出口货物及相关服务征收增值税；

——强制性增值税登记起点值为每年 5 万列弗，对在保加利亚境内经营的本国和外国企业一视同仁。销售额超过此起征点的企业应申请登记增值税；

——外国投资者可在不在保加利亚设立经营实体的情况下（如非实体经营者也需缴纳增值税）登记增值税。

预提税

——若没有适用的避免双重征税协定，个人或外国投资者获得红利后应缴纳 5% 的预提税；

——保加利亚本国公民企业向欧盟或欧盟经济区成员国居民企业支付的红利不在预提税征收范围；

——就红利计算预提税时，不区分投资组合与大量股权。

生产型企业税务减免

生产型企业可在保加利亚享受特殊待遇，在困难地区（如失业率高于全国平均水平至少 25% 的市镇）投资的生产型企业可免于纳税。免税条件有两条：

——企业的经营场所及资产（除账目与资本管理外）必须全部位于困难地区的行政辖区之内；

——企业没有拖欠社保费用及税款。

投资免税额度

有意在保加利亚投资的企业在固定资产现代化、购置和重组方面的投资，可享受10%的企业税减免。此类固定资产包括但不限于：建筑物、电力网络、机械设备、道路防护罩、计算机硬件和软件、电信线路、信号发送器及交通设施。

2. 个人税

个人所得税

居民和非居民均需缴纳个人所得税：居民需为其在全球的收入缴税；非居民只需为其在保加利亚的收入纳税。个人所得税税率统一为10%。

预提税

应依据利息、租金、版税、资本收益及管理营收等收入缴纳10%左右的预提税。非居民应依据其从保加利亚企业获得的红利缴纳5%的预提税。

免税收入

特定类型的收入免税，包括如下内容：在保加利亚、欧盟、欧洲经济区特定市场上出售股票获得的资本收入；在欧盟、欧洲经济区银行或非欧盟银行支行获得的存款利息；出售房地产获得的收入。

税收减免

有特定类型收入来源的个人可根据法定费用预估减免额度以计算应纳税所得：

——版税可享受 40% 的法定税收减免；

——租赁收入可享受 10% 的法定税收减免；

——农业生产者（包括但不限于烟草制造商）获得的收入可享受 60% 的法定税收减免。

3. 房产税

——所有位于保加利亚的不动产均需缴纳房产税，具体税额取决于房产估值，年税率各地区不尽相同，在 0%–0.5% 之间。企业名下的住宅房产则需根据账面价值缴纳房产税。

——房产转让税税率在 0.1%–3% 之间，税基为房产售价。

4. 避免双重征税协议

——目前，保加利亚已与全球多国签订了 68 项税收协议，也正与其余的国家进行类似的协议的谈判。

——中保两国签订的《避免双重征税协议》已于 1991 年 1 月 1 日生效；此外，对该协议的修订，尤其是对预防偷漏税条款的修订，也已于 2002 年 7 月 15 日完成。修订后的协议将在两国完成相应的法律程序后立即生效。

劳务注意事项

工作时间

法定工作时长为每周 40 小时、每天 8 小时；一般允许加班，少数情况除外；但是每年加班总时长不超过 150 小时，每连续两个工作日的加班时长不得超过3小时。

带薪假

员工每年至少享受20天的带薪假；女性员工有权享受410天产假，其中45天必须是产前。

薪资

——2016年年初，保加利亚最低工资标准为每月420列弗。目前，保加利亚的平均月薪为885列弗；

——加班薪资高于原薪资，具体计算办法如下：工作日加班为原薪资的1.5倍；非工作日加班为原薪资的1.75倍；法定节假日加班薪资为原薪资的2倍；

——用人单位有义务从员工的薪资中代为扣缴国家规定的社保费用，具体比例是：1. 社会保险：用人单位承担员工薪资的13%—13.7%，个人承担9.7%；2. 医疗保险：用人单位承担员工薪资的4.8%，个人承担3.2%。

自雇人员自行缴纳社保费，但养老保险由国家缴纳，金额相当于该年社会保险总额的12%。

终止劳务关系

——劳动合同可在双方一致同意后终止或者到期自动终止，部分合同需提前通知对方终止，通知期限为30天至3个月不等。无论何时，忽略解雇程序中的任何规定都将对用人单位处以1500—5000列弗的罚款，对相关负责人也将处以250—1000列弗的罚款。

——保加利亚无法定的资遣费，但两种情况除外：解雇工作年限 5 年及以上的员工，用人单位需向其支付相当于 2 个月薪资的资遣费；工作年限 10 年及以上的且已获得领取养老金权利的员工，用人单位需向其支付相当于 2 个月或 6 个月薪资的资遣费。

外籍员工相关条例

——在保加利亚工作的外籍人员需持有工作许可，但来自欧盟、欧洲经济区和瑞士的外籍人员可不受本规定限制；

——与外籍员工签订的劳动合同中需明确列出住宿费、保险费、交通费和医疗费用等事项。

保加利亚在全世界的一些排名参数

保加利亚是东南欧发展速度较快的国家之一，其健全的贸易体系和健康的国内市场不断吸引着来自世界各地的外商直接投资。此外，得益于保加利亚私营经济过去几十年的稳步增长以及政府对于市场和投资的大力支持，该国在全球经济及发展排名方面均居于前列。

——10 兆以上宽带接入率排名全球第 10 位（2016 年第三季度互联网现状报告，阿卡迈信息技术有限公司）

——经济自由度排名欧洲第 28 位（2016 年经济自由度指数，美国传统基金会）

——全球化指数排名第 30 位（2016 年 POF 全球化指数，瑞士经济分析局）

——全球环境绩效排名第 33 位（2016 年全球环境绩效指数，

耶鲁大学环境法律与政策中心）

——创新国家排名第 38 位（2016 年全球创新指数，康奈尔大学商学院）

——经商环境便利度排名第 39 位（2016 年经商便利度指数，世界银行）

——性别平等排名第 41 位（2016 年全球性别差距报告，世界经济论坛）

——社会进步排名第 43 位（2016 年社会进步指数，社会发展调查机构）

——最民主国家排名第 47 位（2016 年世界民主指数，经济学人智库）

——最具竞争力国家排名第 50 位（2016—2017 年全球竞争力报告，世界经济论坛）

——食品安全国家排名第 50 位（2016 年全球食品安全指数，经济学人智库）

经商便利指数

在 2016 年世界银行编制的经商便利指数排名中，保加利亚排在第 15 位，仅次于丹麦、英国、瑞典、芬兰、爱尔兰、德国、冰岛、波兰、捷克、瑞士、斯洛文尼亚、塞尔维亚、美国等国。

[资料来源：环球华置商务服务（上海）有限公司]

后记

今年是中国和保加利亚建立外交关系70周年。为此，我们在长期积累的关于保加利亚的基础知识中，融入我们对这个国家的万缕情丝，虔诚地编成了一个玫瑰花篮——一册小书，并将之视为对两国建交的周年纪念和庆贺。

《玫瑰之国保加利亚》是在《保加利亚概览》的基础上增补和修订而成的。后者由余志和、马细谱为纪念中保建交55周年合作编著，并由世界知识出版社于2004年出版发行。在修订工作中，谢学敏负责更新所有的相关数据。《保加利亚概览》当年的责任编辑龚玲琳女士虽已退休，仍极为热心地参与了新书的编审工作。对此，我们深受感动，并致敬意。

本书《附录2：投资者注意事项》，系根据环球华置商务服务（上海）有限公司（主席兼董事总经理王南森）提供的材料改编。

书中图片，凡未署名者，均由我们三位作者提供。

保加利亚驻华大使馆，特别是一等秘书、领事丹妮叶拉（Daniela Nikolova）和新闻文化教育事务官员美丽（Mariya Ivanova），为《玫瑰之国保加利亚》的出版提供了大力支持。两位女士历尽周折，征集来保加利亚外交部、摄影家拉迪斯拉夫·茨维特科夫（Ladislav Tsvetkov）等的许多免费图片。中国驻保加利亚大使馆外交官赵雪林、“巴尔干之巅”公众号主黄洁也不辞辛劳，赶赴现场，为本书拍摄了若干图片。我们在此一并表示感谢。

我们还要衷心感谢世界知识出版社的领导和本书编校、设计、印制集体，他们细致认真耐心的工作，使得本书有幸在中国大地上带着玫瑰的馥郁花香同读者见面。

作者

2019 年 9 月